なぜかうまくいく人のすごい無意識

梯谷幸司——著　卓惠娟——譯

無意識的力量

暢銷紀念版

為什麼有些人總是心想事成？
從潛意識、動機到行動，隨心所欲實踐夢想的14種成功腦型態

實踐目標最有效的實用心理學

目錄

CHAPTER 1

為什麼無法心想事成？——原因和「後設無意識」的關聯

CHAPTER 2

成功者的養成：了解自我「無意識習性」的十四種型態

CHAPTER

3

一流菁英的高效心智訓練！重新改寫「後設無意識」

CHAPTER

4

隨心所欲控制潛意識的超厲害方法

CHAPTER 5

內心強大，才是真正強大！控制你的語言行為和思維模式

前言
簡單邁向成功的心理魔法

首先，感謝你閱讀本書。

這本書是為了那些在面對人生各種局面時，不知為何總是「事與願違的人」，所介紹的一套運用心理技巧的具體方法。

「事業發展遇到瓶頸……」

「年收入無法增加……」

「戀愛不順、婚姻關係不如意……」

「對健康狀況感到焦慮不安……」

「沒有足夠的財富……」

這些煩惱乍看之下似乎毫無關聯。

但是，實際上可能都出自相同的原因。

本書將為你解開其中的祕密！

你的身邊是否有這樣的人？無論是工作、金錢、戀愛，或是個人生活管理，在任何領域上都「莫名一帆風順的人」。

毫不遲疑、一路昂首闊步在人生大道上的他們，和一路走在平凡無奇人生的我們，究竟在什麼地方有所差距呢？

答案就在**「後設[1]無意識」**。

或許你曾聽過這樣的論點——人類心理存在著我們無法覺察的「無意識[2]（潛意識）」，雖然不容易被個體察覺，對人生卻能造成重大的影響。

我在本書要詳細解說的「後設無意識」，則是更加微妙、深層的存在。後設無意識，形成你思考的根本基礎，形塑你說出的話語、做出的行動，進

而影響你的人生。

後設無意識，也就是所謂「無意識的習性」。因為並非表層意識，所以並不容易掌控，也不易覺察。不過，我們依然可以由外在的行為逆推，了解自己無意識的習性，並透過這樣的方式，匡正無意識的習性，讓人生獲得全新的改變。

我從事顧問、心智教練、心理輔導與心理訓練師等活動工作，已經超過三十年。一開始是我參與了自我啟發訓練「EST」（Erhard Seminars Training），這是由維爾納．艾哈德（Werner Hans Erhard）創設的課程，據說連約翰．藍儂（John Lennon）及美國卡特總統（Jimmy Carter）都深受影響。之後，我主要運用NLP（神經語言程式學），以及將NLP發揚光大的「語言行為量表」（LAB Profile）技術與知識，實踐在各種研討會與研習

1 後設（meta），對事物的理解，有某種不同的邏輯層次。意指較高的，或超越的。

2 譯注：日文中的無意識（unconscious），一般為了避免與醫學上的無意識混淆，通常譯為潛意識。但作者特別在這裡括號標示「潛意識」（subconscious），根據後文第二十五頁的說明，作者認為無意識有別於潛意識。

培訓。

過去我作為心智教練及心理輔導人員，協助各種客戶解決形形色色的煩惱；作為顧問，提供經營層面的諮詢當然是主要項目，同時，也聆聽了不少經營者個人生活或健康方面的煩惱。而**現在除了心智教練的培育，東京大學研究所也因為對這套系統有共鳴，而開始研究，成為我這套心理技術的強力佐證**。

在協助超過四萬八千人中的過程，讓我清楚了解一件事。

那就是——事與願違往往源自兩個要素。

一是「並未以真正的自己而活著」，二是「無法因應外界狀況，彈性地調整自我情感或行為」。

而想要解決「事情無法順利進行」的關鍵就在「後設無意識」。後設無意識是人類存在的前提，後設無意識就像是一個容器，造型因人而異，收納著現實生活中所發生的一切。根據容器形狀的不同，對現實情況的解讀會跟著轉變，大腦反應也隨之變化，進一步產生行動轉變，最後導致不同的人生發展產生巨大的差異。

多數人很難改變現實生活所發生的內容，但是改變收納現實的容器（後設無意識），使我們對現實的看法或解讀產生變化，就容易多了。

後設無意識雖然屬於自我難以覺察的領域，但我們仍有可能透過各種不同方式存取、改寫後設無意識。

「活出真正的自己」，以及「因應外界狀況，彈性地調整自我情感或行為」只要結合這兩者的能量，並以「人生要為何而活」為目標，專注在確定的方向，便可發揮無可限量的爆發力。

我在處女作《從「虛偽的自己」破繭而出》一書中，已就「活出真正的自己」為主題充分闡述，有興趣的讀者不妨參考。

本書則是以「因應外界狀況，彈性調整自我情感或行為的方法」為主題，完整說明如何透過語言與行為，改寫後設無意識型態的方法。

不論事業、健康，還是人生目標的實現，端看你擁有什麼樣的「後設無意識」。若是能駕馭後設無意識，不論財富、事業成果、個人生活，都能讓你獲得超出期望的滿意成果。

靠著勝負輸贏或耍小聰明，來開拓業務或經營事業的時代已經結束了。

正因為我熟知後設無意識的存在，所以我更相信任何人都能發揮自己的本質，如願以償開創未來的道路。

即使一開始覺得不適應，只要一邊閱讀一邊嘗試實踐，相信必定能有深切的感受。

那麼，接下來就讓我們共同探索後設無意識的世界吧！

CHAPTER

1

為什麼無法心想事成？

——原因和「後設無意識」的關聯

01

自主決定的A，以他人為基準的B，起跑前已決定了勝負

A君和B君擁有極為相似的經歷，就讀同一所國中，升學到同樣有名的明星高中，同樣從一流大學畢業，接著同樣進入一流的公司上班。

A君成為社會人士後，在工作上大顯身手；B君卻因為得了憂鬱症而辭去工作。學歷如此相似的兩個人，究竟在什麼地方產生差異呢？

我向了兩人提出同一個問題。

「你為什麼選擇讀這所高中呢？」

A君回答：**「我將來想做這方面的工作，所以想進相關企業。如果要進**

入這類產業的公司，讀這間大學比較有利，所以我就選擇了這所高中。」

Ｂ君則回答：**「我媽要我讀這所高中，學校的老師也認為我讀這裡比較合適。」**

Ａ君因為有想做的事，因此自主決定自己想讀的學校。

這個傾向就稱為**內在基準**。

相對的，Ｂ君並沒有特別想做的事，升學或就業決定的關鍵都以母親及學校老師決定的基準為主。這就稱為**外在基準**。

擁有內在基準的Ａ君出了社會得以一展長才，實踐自己的目標；執行外在基準的Ｂ君出了社會，卻遭社會淘汰。

02

自信的關鍵是「自覺有能感」與「自主決定感」

自信，必須建立在**自覺有能感**。所謂自覺有能感，是指付諸行動，達成目標，因而產生「我做得到」的自信。不過，光是這樣還不夠。

進入公司後，大家都各自埋首工作忙著，免不了會遇到工作發生疏失的時候。

「部長，工作出錯了！我該怎麼做？」

「這點小事自己想一想！」

類似這樣的對話，在公司可說是見怪不怪。

前面提到的A君，因為成長歷程建立在內在基準上，所以遇到問題時，懂得自主思考。

「知道了。我會想辦法解決。」

長期下來，A君就這樣慢慢鍛鍊出韌性。

反之，行事常以外在基準為主的B君，只要沒有收到他人的指示，就無所適從。

「怎麼辦……」

因為不知所措，於是再度發生問題。

「部長一定又會叫我自己想一想，前輩看起來也似乎很忙……我該怎麼辦才好呢……」

一再重複這樣的狀況，使得B君逐漸喪失自信，最後陷入憂鬱。

要有自信，不能欠缺的是**自主決定感**，個體能清楚感受到自己擁有決定事物的自主權。

當「自覺有能感」及「自主決定感」合而為一，才能建立自信。單憑自覺有能感，並無法建立「自信」。

■人生的判斷基準，正是後設無意識

A君因為能自主決定想要做什麼，並進一步達成，所以能產生自信。

另一方面，B君則是習慣選擇聽從旁人提出的建議，自主決定感始終不足。而且飽受伴隨而來的困擾想法，例如：「這樣的人生只是實現母親的願望，並非實現我自身的願望」、「這不是真正的我，而是虛偽的我」，使得「沒有自信」、「不知道自己想做的事情是什麼」的前提時時糾纏著B君，有些人甚至因而導致人生就此停滯不前。

要是B君能在更早的階段養成內在基準，或許他的前途發展就會截然不同。

就像這樣，每個人會依據各種不同的判斷基準，無意識地決定日常生活中的瑣事。而這些決定又間接左右了事業、健康問題等人生的命運。我把這樣的無意識判斷基準，稱為「後設無意識」。

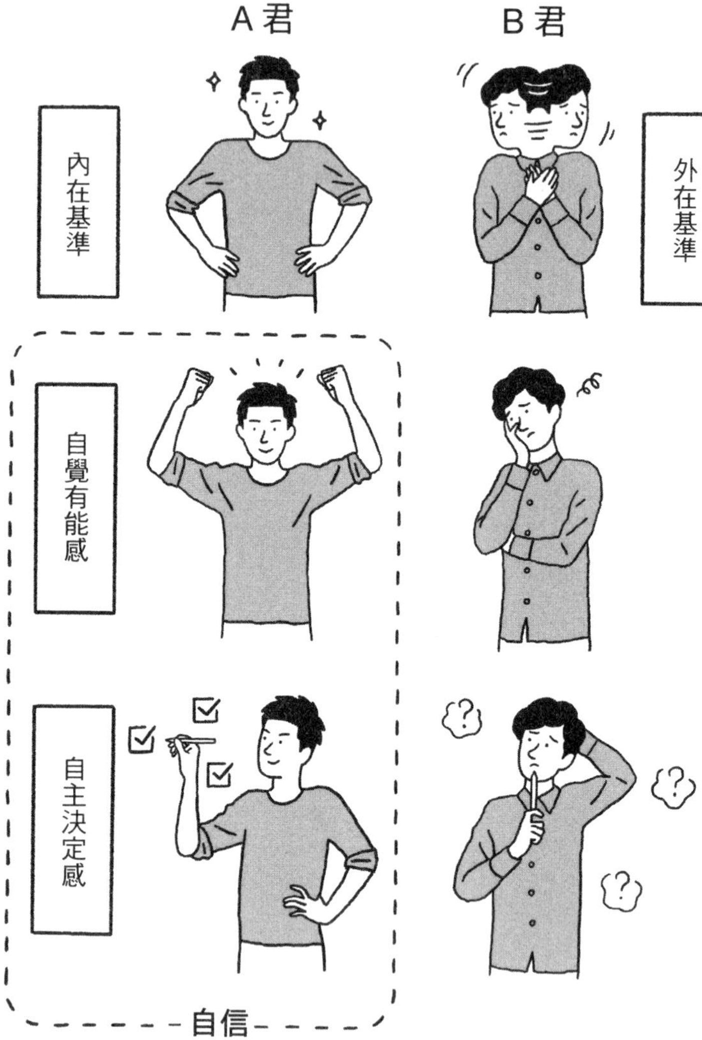

圖1　內在基準與外在基準

03

人類意識分為「顯意識」、「潛意識」及「後設無意識」

就心理學來說，人先從五種感官獲得資訊，然後形成無意識，其次是潛意識，最後才出現顯意識。

①顯意識

最表層的是顯意識。顯意識是人類可以用理性思考而使用的意識，一般出現在日常生活的對話、思考、計算等活動，是我們最容易察覺的意識領域。

②潛意識

再往裡面一層的潛意識，屬於我們無法感知的領域，只在睡夢中、無我狀態、放空時活躍的意識，對顯意識有很大的影響。

然而，多年以來我始終有個疑問。

「那麼，究竟是什麼使潛意識形成根深柢固的情感、信念，以及思想呢？」

後來終於發現，潛意識裡面還有好幾層意識，其中能對潛意識產生影響的，就是無意識。

■收納潛意識的容器——「後設無意識」

關於無意識，再深入探索的話，則有**五感訊息**。

所謂的五感訊息，是指透過視覺、聽覺、觸覺、嗅覺、味覺，把外部環境訊息以「莫名……」的感覺保存下來，屬於未經過整理的原始訊息。

無意識和潛意識很容易被混淆，其實兩者並不一樣。

因此，我把「無意識」加上「meta」這個具有「超越○○」意義的詞彙，命名為「後設無意識」，和潛意識加以區隔。

後設無意識，就有如一個收納潛意識的容器。

根據容器的不同，外觀也跟著有所變化。

把可口可樂裝在普通的杯子裡，看起來就是杯子的形狀，但若是倒入米奇形狀的杯子，外觀看起來就會是米奇。

即使裝進去的內容物相同，只要容器不同，看起來就會不一樣。

正是這個容器（＝後設無意識），創造出你在人生中面對不同現實情況所產生的各種思想前提（形．器）。

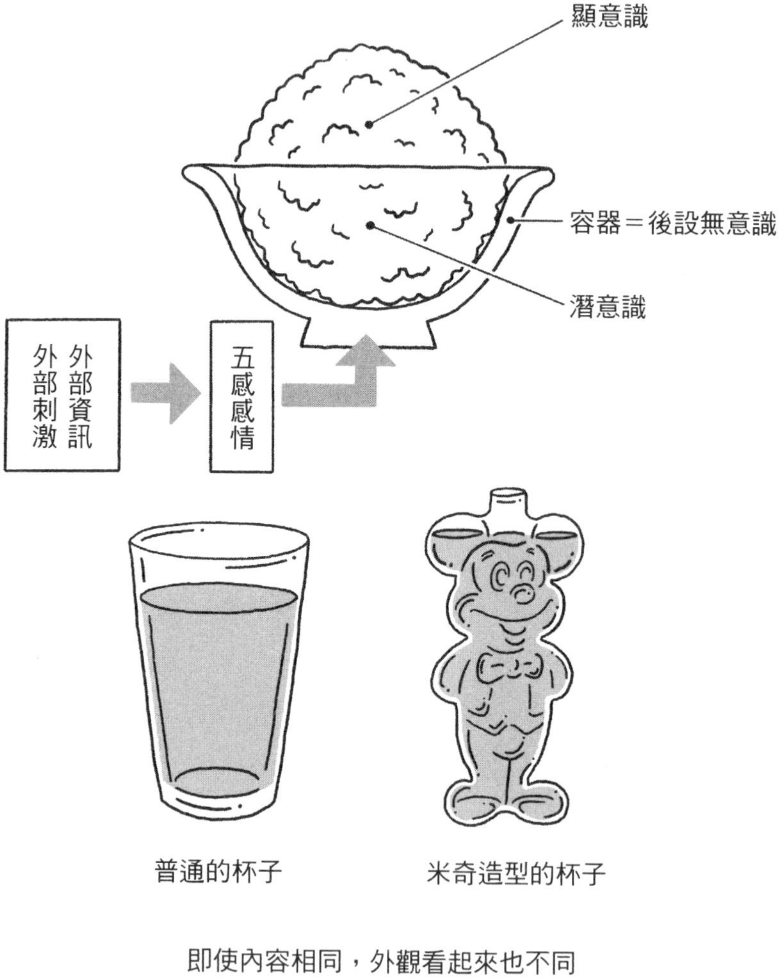

圖 2　人類的意識分層與後設無意識

04

「後設無意識」將成為你無形的招牌

其實每個人都背著一塊「我是這樣的人」之無形招牌，而這個無形招牌實際上會影響到個人的現實生活。

雖然我這麼說，或許有人仍然無法置信。

■某個心靈諮商工作者的奇蹟案例

我有個以研習會型式舉辦的「Secret state of language」企畫活動，提供社會大眾有關人際關係輔導或經營技巧的課程。課程費用並不便宜，我刻意設定昂貴的價格，是因為我希望參加者都是真心決定要改變自己的人。

前陣子，有位心靈諮商工作者來參加課程。當時他每個月的營業額是二十萬日圓左右，在業界屬於常見、業務狀況不佳的狀態。他抱著想讓業務起死回生的一絲希望，帶著他手上僅有的錢來參加我的課程。

順利結業的他，立刻運用社群網站的直播系統，推出線上單次兩小時付費五萬日圓的企畫。

結果才一天就有八十人參加，創造出高達四百萬日圓的營業額。

他的企畫內容，只是背對著一面牆，平淡無奇地講述有關心靈的內容，並沒有什麼特殊的地方。

那麼，他究竟做了什麼，而成功吸引到一群人呢？

改變「前提」，現實就隨之轉變！

這名心靈諮商工作者原本就有氣喘，常咳嗽得很嚴重。然而，他的咳嗽其實是來自有話想說，卻沒說出口的生理反應。

因此我便問他：

「你是不是藏有不曾對人說出口的事情？」

回溯記憶的結果，浮現了他與母親的關係，他想起「童年時希望獲得更多母愛，卻沒有如願」。

沒想到花了三十年的時間，他才察覺「自己有多麼渴望引起母親關注」。

「我以前怎麼會這麼傻呢？明明都已經老大不小了。」

經過這樣的回顧，他不再追求博取母親的關注，而轉為察覺自己內心真正的渴望——**「希望世人認同我身為心靈導師的價值」**，因而開始採取行動。

圖 3　改變自己的前提，現實跟著改變！

因為產生新的意識，切換了行動前提，使得重新舉辦的線上研習大為成功，後續他接著在東京、大阪、福岡舉辦心靈諮商的說明會，也締造了參加者多達數十人的佳績。

他原本只是偶然產生想從事心靈諮商相關工作的想法，但過去他背後的無形招牌始終是「為了引起母親關注」。

發現這件事以後，他單純地把無形招牌撤換成「我要以世人為對象」。

他只是發現後設無意識應該

聚焦在什麼地方，然後改變。僅此而已。

像這樣，改變自己的前提、背景，就能令外界接受者的印象燦然一新。即使當事人並沒有意識到轉變，但實際上轉變已經開始了。這正是後設無意識有趣的地方，大腦會以符合後設無意識的形狀，進行加工，使想像成真。

05

解讀與掌控他人的心——神奇的鏡像神經元

安倍首相宣布解散眾議院，其背景正是後設無意識

二〇一七年，日本首相安倍晉三第三次改造內閣，宣布解散眾議院。當時因為政府被質疑賤賣國有地給學園的問題，以及防衛省涉嫌掩蓋陸上自衛隊內部記錄南蘇丹局勢的日報材料，從南蘇丹撤回維和部隊，諸多問題使得內閣支持度動搖，與北韓之間的關係也持續緊張中，社會輿論充滿了為什麼選擇在此刻進行改選的疑問。

在這時候，安倍首相站上官邸講台，以堅定不移的口氣宣示：「這次的解散，是為了突破國難的解散。」當天的記者會，背景是深藍色的天鵝絨布

幕。

正是因為這樣穩重的背景，讓安倍首相的發言令人覺得可以信任。

如果當時以秋葉原女僕咖啡正在服務客人的情景作為背景，安倍首相站在前面宣示「這次的解散，是為了突破國難的解散」，情況將會怎麼樣呢？想必任何人都會懷有存疑：「這個人當首相沒問題嗎？」

即使說話的人和內容都相同，也會因為背景不同，使人在無意識間產生不同判斷。

這個背景，就是後設無意識。

關於後設無意識被寫上了什麼，我們並無從得知。

但是周遭的人卻會無意識接收到這些背景訊息，而產生感受與反應。

如果後設無意識被寫上的是「我是能力傑出的人」，別人就會把你視作能力傑出的人；如果被寫上的是「我是沒用的人」，別人便會把你視作沒用的人。

久而久之，現實生活就會照後設無意識的設定發展，逐漸演變成實際發生的情況了。因此，我們可以借由他人對自己的反應，或引起的互動回饋，來判斷自己的後設無意識屬於何種型態。

■大腦對於競爭對手的「心」會有共鳴

那麼，人類為什麼會不自覺地讀取後設無意識中所寫的自我意象（self-image）呢？

那是因為靈長類腦中的**「鏡像神經元」**（mirror neuron）神經細胞發生的活化作用。

當我們看到別人的動作時，由於鏡像神經元的作用，我們在腦中也會重現相同動作，就像是自己做的，類似於「鏡子」的反應。

看了他人的行動，對於那個人的想法或感覺，彷彿自己也能感同身受，鏡像神經元正是掌控如此的共鳴能力。

這是二十多年前在義大利帕爾馬大學（University of Parma）偶然的發

現。實驗中，科學家在猴子腦部植入細小的電極，當猴子看到人的手移動，猴子大腦與手部移動相關的神經元也會產生反應。由此推論，同樣是靈長類的人類，經由視覺所看到的動作、表情，也會在腦內重現，因而理解他人的心理活動。

生物為了物種存續，鏡像神經元的能力有助於牠們提高生存機會，透過像鏡子般反射對方的動作，同步模擬對手的狀態，能夠藉此掌握對方的企圖，「這個人做這件事有更大的目的」、「這個人是基於某種個人目的而行動」等。

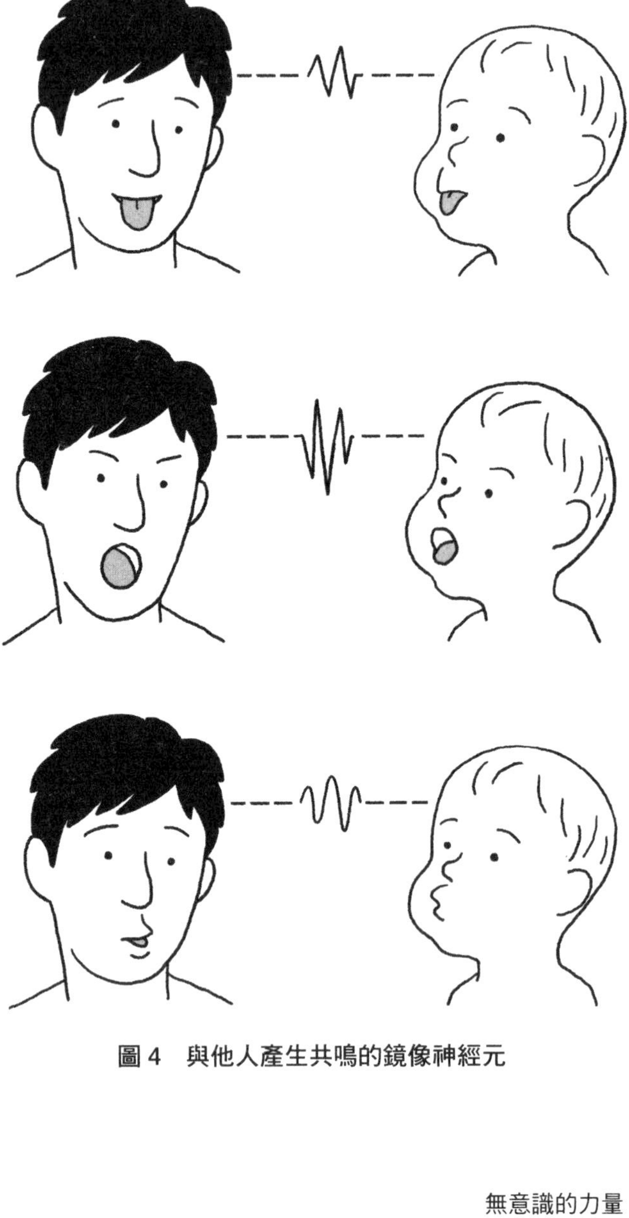

圖 4　與他人產生共鳴的鏡像神經元

06

適者生存！基因不必最強，關鍵是適應與變化

那麼，後設無意識是怎麼形成的呢？

首先，不妨先回溯我們的進化歷程，回顧物種的起源。

■基因內容無法輕易改變

大約二十萬年前，東非出現了最早的智人。不久後，其演化的蹤跡擴展至世界各地，在各個土地上建立部落，並根據落地生根的環境，學習到不同的生存智慧，例如：「這種情況下，要以這種方式取得食物」、「這個有毒」、「這麼做可以抵擋住風雨」。

對生物而言，物種的存續是一大命題。

如果每一次發生事情，都要針對新的訊息重新思考，大腦將疲憊不堪。因此，為了防止耗損過多的能量，演化過程便發展出將這些訊息寫入基因中，有如收藏在圖書館般，然後傳遞給後代子孫，人類因此得以邁向繁榮文明。

所謂基因，就是指寫入DNA核酸序列的遺傳資訊。由於這些遺傳資訊是為了物種存續要傳遞給後代而存在，所以結構上並無法輕易改變其內容。

改變行為的「另一個基因」

不過，東京大學的池谷裕二博士提出「還有另一個基因」的論點。他認為包覆構成基因之細胞核的蛋白質核膜，會因應外界環境與狀況，視需要而改變動態。

以音樂來舉例，或許更容易理解。即使樂譜上書寫的音符相同，用吉他演奏或以鋼琴演奏，帶給聽眾的感受完全不一樣。即使是同樣的樂曲，若是判斷其他演奏方式比較好，表現方法也會隨之改變。

「另一個基因」據說就是這樣的性質。

「最終能生存下來的物種，不是最強的、也不是最聰明的，而是最能適應改變的物種。」——查爾斯・達爾文（Charles Darwin）

這完全就是達爾文闡述的「進化論」本質。也就是說，「基因」是為了生存下來而產生彈性變化。

過去在生物學或遺傳學中，都認為基因受到氣溫、地理、氣象等物質層面的環境影響。但我始終覺得其中似乎遺漏了什麼。

基因所反應的，不僅是物理環境。

事實上，從最新的基因學研究中可以得知，基因擁有一套機制，為了因應人類文化或規範，能夠擅自改變並將這種遺傳變化寫入基因，以傳承給後代。

因此，我關注的是「內在環境」如何掌握外部動靜。

07

辨認你的原始過濾器，被文化規範緊束的心＝後設無意識

所謂內在環境，是指「如何去掌握外部環境」。

比方說，如果你堅信**「世事總是事與願違」**，世界在你眼中就是這個樣子，因此你便會認為**「世事總是事與願違，因為很危險，所以還是按兵不動比較好」**。

相反的，若是你堅信**「不，因為世事永遠無法盡如人意，所以才有意思」**，即使發生了突發事件，你也會思考**「有意思的事情發生了，接下來該怎麼應對呢？」**，接著採取行動。

如此形成的內在環境＝信念，如同裝在「後設無意識」這容器中的潛意識。

人們對信念的反應，是產生情感及思考。基因在觀看反應的同時，賭上生存的風險，決定要改寫哪個遺傳資訊。

我們的心，就寄宿在後設無意識。

雖然人類身體的一舉一動是經由大腦控制而做出，但事實上已透過腦科學證明，大腦也會藉由感知身體動作去判斷狀況。

■以腦科學逐一分解「拿筆的行為」

現在問各位一個問題。

不過，先請你想想，當你打算在紙上寫些東西而「拿筆」時，是不是會出現以下的要素與大腦活動。

①「拿起筆」的意志

②「為了拿筆，身體的哪個部位該如何反應？如何動作？」的大腦準備

③大腦向身體各部位發出「拿起筆！」的指令

④「啊，我拿著筆呢！」的視覺認知，以及「拿起筆了」的身體感覺

接下來是提問。

你認為打算在紙上寫字而「拿筆」時，上述從①到④的意識及大腦活動，是以什麼樣的順序進行呢？

同時也想一想，為什麼你認為是這樣的順序。

順便一提，我原本認為是①→

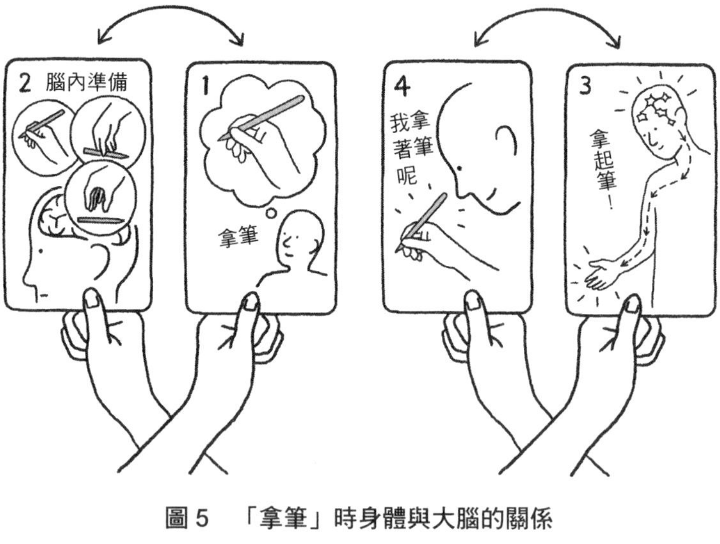

圖 5　「拿筆」時身體與大腦的關係

②→③→④的順序。

然而，透過腦科學的實驗證明，實際上卻是依照②→①→④→③的順序活動。

也就是說，在**「拿起筆」的意志產生以前，經由某個指示，大腦已經開始進行拿筆的準備，透過腦科學實驗，已確知大腦能在動作數秒前察知接下來要發生的事。**

那麼，大腦是對什麼指示產生反應呢？

無疑是「後設無意識」。

後設無意識是取捨資訊的過濾器

比方說，日本人吃拉麵或蕎麥麵時，發出聲音不足為奇，但很多其他國家的人對於吃麵發出聲音卻會感到不舒服。另外，基督教、伊斯蘭教或佛教的文化，對於「什麼是好，什麼是壞」的定義都各自不同。

因此，每當人在判斷「要做還是不做」、「正確或不正確」時，以及處理紛至沓來的諸多訊息時，如果每一次都要進行類似以下的思考，一定會筋疲力盡。

「這合乎基督教的文化嗎？」

「這在我的文化中，是否違反禮儀呢？」

「這是否符合我的意念或價值觀呢？」

因此，大腦為了盡可能減少能量消耗，就會執行如下的思考——

「這個世界原本就是這樣。」

「所以合乎這個文化、規範的事情就做，違背此文化價值觀的事情就不做。」

「如果這個形式的訊息吻合我的意念與價值觀，就可以保留；那個形式的訊息不符合意念或價值觀，所以要盡量排除。」

透過類似這樣的思考，建立一組**適合自己的過濾器，專門處理資訊的選**

擇與取捨。

然後，只有過濾器篩選留下的訊息，才加以認識、思考、判斷，之後才經由潛意識或顯意識，反應出個人意志。

大腦在動作前數秒便會產生反應，並判斷接下來將要發生的事，接著在腦內開始準備動作，緊接而來的才是人類的意志。這和前面說的「去拿筆」意志發生以前，大腦就已開始準備，是相同的結構。

雖然這樣的結構，確實可以防止大腦消耗無謂的能量，但是造成人們各自堅信「世上原本就是這樣」的文化與規範，變成了我們的訊息過濾器（也就是後設無意識型態），這是否合乎個人期望的現實，又是另一回事。

我們在事業、人際關係、戀愛、婚姻、疾病等方面，之所以會有各式各樣的阻礙，其中一個原因來自於，人類在形成意志以前，作為訊息過濾器的後設無意識型態，並不符合自己真實的期望。因此大腦也一直沒有機會學習合乎真實期望的後設無意識之結構型態。這個設定，使我們在一開始就已經往「事與願違」的方向前進。

08

成見的陷阱！「理所當然」是從何而生？

《日經SCIENCE》（日文版《科學人》）曾刊載了這樣的實驗。

美國某一所大學對亞洲女學生進行一個數學考試實驗。

即將考試前，教授對學生說了一句莫名其妙的話：

「女性的數學能力都比男性差，對吧。」

結果，女學生們這次的分數比以往都來得低。

過了一段時間，同樣一群學生再次舉行數學考試。

這次教授則是這麼說的：

圖 6　成見的陷阱

「比起其他民族，亞洲人的數學能力比較高，對吧。」

結果，這次亞洲女學生的數學成績比以往表現來得高。

這個實驗證明，**人們能不能真正發揮能力，除了當事人的實力以外，還有其他因素發揮作用。**

從這個例子可以得知的，就是因為**「成見的陷阱」**對這群女學生產生了巨大的影響。

所謂成見的陷阱，也就是一旦知道他人對於自己，或是自己所屬的群體有什麼成見，人類就會配合演出成見的內容。這就是**人類的無意識反應**。

「女性就是這樣」、「因為是亞洲人，所以會那樣對吧」、「因為是男性嘛」、「因為是〇〇公司的員工」……一旦形成某個既定印象，任何人都會無意識地受到擺布。

在職場上，工作表現也有相同情況，很多人會因為他人的觀點而受到影響，這是無庸置疑的。

然而，他人以什麼樣的觀點看你，和實際上的你毫無關係。

但是，我們的內在確實有很多的「理所當然」，而且總是受到這些「理所當然」的擺布。

我們應該牢記這些「理所當然」，因為幾乎多數的「理所當然」都是成見的陷阱所造成。

09

成功者的「理所當然」和一般人不一樣

日本經濟新聞社出版的市場行銷專門雜誌，在二〇一五年曾有個問卷調查。

那一年，日本社會為了是否通過安保法案而騷動；消費稅原本要調高百分之十，但評估景氣後判斷，調整為百分之八；另外，還發生東芝會計浮報問題、德國福斯集團廢氣排放造假等，是許多大企業醜聞揭露的一年。

問卷調查的問題很單純。分別針對低所得、中所得、高所得階層，詢問他們：**「你現在關心的事是什麼？」**

低所得階層所關心的是消費稅及年金問題，這類生活上的財務事項。中所得階層關心的事項，除了消費稅與年金問題，安保法案、大企業醜聞，與政府問題占了前三名。為了證明個人立場的正確性，希望有「壞人」、「挑戰對象」作為對照組。

高所得階層對於證明「自己的正確性」不感興趣

令人玩味的是，高所得階層的回答結果。

只有百分之二的人對政治及大企業醜聞感興趣。他們多數人關心事項的一到三名分別是**「保持健康」**、**「旅行」**、**「含飴弄孫」**，這些極為個人的事項。

看了這樣的結果，我不禁恍然大悟。

所謂時代的常識，其實是絕大多數人的意見。中所得階層是壓倒性的多數派。換言之，所謂的常識，就是中所得階層的思考方式，而思考繼續停留在這裡，就會停滯在中所得階層。

絕大多數人為了證明自己的正確性，因而想把某些人視為壞人。

社會上有不少人都是因為「應該這麼做」而行動。電視、週刊雜誌不斷

圖 7　低所得、中所得、高所得等各階層關心事項的差異

挑出的報導題材，都是一些怎麼攻擊也無關緊要的材料，報導個不停，也是因為這麼做會讓銷售成績比較好吧？於是，社會大眾和媒體都加入了鼓譟行列。

這種「執著於正確還是不正確」的信念，正是大腦的一種過濾器。因此為了證明自己正確，必須要有個壞人。但是攻擊身邊的人會引起爭端，所以便轉而針對政府、大企業的醜聞，或體育界的職權騷擾等問題，大力譴責「壞人」。

高所得階層幾乎不使用「應

該這麼做」的後設無意識，因為他們了解不需要向誰證明自己的正確性。不需要與誰對抗，不需要把某些人視作壞人，只需要去做自己想做的事就可以了。

要以什麼樣的標準去衡量事物，屬於後設無意識的領域。究竟是以「和社會上的大多數人相同」的後設無意識去看世界，還是以「能有效做出結果」的後設無意識去看世界，人生將會因此產生不同的成果。

10

徹底去除「受某種無形的〇〇驅使」前提

看到像大企業醜聞這種報導時，就應該明白這些事件的開端都是源自一些小事。這就是**「跨過垃圾」**的狀態。

明明知道垃圾掉落在腳底，卻視而不見地跨過去。遇到生活的小事，也是像這樣跨過去。一昧遮掩有垃圾的地方，最後演變成難以收拾的狀況，然後有一天突然就被攤在陽光下了。

不僅大企業，我們的人生也常發生「當時要是確實處理就好了」的懊悔。

人們對於進入視線的灰塵總會立刻處理掉，為什麼對心裡的垃圾卻無法立刻處理呢？

「撿起垃圾」是非常重要的行為。

看到垃圾掉了，卻直接跨過去，是因為意識放在其他事項了，「因為現在很忙」、「因為還有其他更重要、必須做的事」。

其實，這正是後設無意識中的型態使然，讓我們選擇採取「這個」反應。

那就是「被某種無形的○○驅使」的錯誤前提。

■成功者養成的「大前提」

任何人的情緒都是有起伏的，有情緒高漲的時刻，也會經歷低潮。體力有時精神飽滿，有時卻又提不起勁。

「心情莫名萎靡不振，或許是因為○○。」

「身體狀況不佳，搞不好是因為○○○。」

因為總是被無形的事物控制，所以很容易產生「無可奈何」的思維。一般人不論看待情緒、身體、待辦任務或自身的期望，都是和自我視為一體的。

有人就像如此，以「被無形的○○驅使」為前提或感覺。但也有人的前提和感覺是**「情緒、身體、任務都不等於我，而是由我管理、控制的東西」**。

不論情緒或身體，若是在出現問題時，當下立刻處理，就能產生**「不論身體或情緒，我都能夠設法控制」**的思維，不要跨過垃圾，而是撿起來，鍛鍊自在控制人生的能力。

時代改變，目標也會隨之轉變。在公司升遷時，職責角色亦會不同。只要了解自我本質想去的真正方向，就能因應本質彈性地轉變。一旦把情緒、身體、任務視為一體，思維就會受到擺佈，以致於讓你搞不清什麼才是「真正的自我」。

那些平步青雲的人，就是因為他們理解，不論情緒、身體、任務或自身

的期望，這些都不是「原本的我」。這些都只是取得渴望事物所需的工具，只是「我管理這些工具」的前提和感覺。

這是把自我和情緒、身體、任務分離的表現。

11

心想事成的絆腳石——無意識選擇「偽裝的自我」生存

我現在正在進行一個「以語言讓疾病不藥而癒」的研究，每天都有形形色色的人來參加我的研習。

其中也有不少人正值精力旺盛的年齡，他們來參加研習時向我提問：

「我的人生這麼不順的原因是什麼呢？」

我這麼回答他們：

「其中一個原因應該是資本主義吧。」

後設無意識判斷事物時，有兩個選擇，一是以真正自我之生存目的為判斷基準，二是以普遍社會的規範去判斷。

資本主義以大量生產、大量消費為前提，因而前提落在：「要以什麼規範，才能最有效獲利」。這個規範的基礎，需要作為齒輪去工作的人。無法成為齒輪提供有效勞力的人，將被社會淘汰，沒有工作也生活不下去。因此，為了變成有用的齒輪，只好放棄自己的價值觀，不得不做出依循社會價值觀的選擇。

如果活在過去的社會，只能順從社會規範作出如何糊口謀生的判斷。然而，隨著資本主義盛行，搞不清楚自己真正想做什麼事的人大幅增加，也是這三、四十年的事。

日本的高度經濟成長期，是處於戰後一無所有的時代，眾人都渴望打造一個安全、富裕的社會，因此整體形成一股力爭上游的社會氛圍。當時，在資本主義規範下的基準，人們不得不放棄自身的價值觀，以虛偽的自我活下去。

然而，時代已然改變，現在生活在安全且富裕日本的我們，有必要去面對「我究竟是為了什麼而活」的本質命題。

如果不這麼做，就會冒然進入一個事業、健康都不時會遇到重重阻礙的生活。

■今後的時代，評價基準並不是金錢或知識

經濟的兆週（megacycle），是研究經濟政策學這門學問時的主題。

首先是以農業為中心的時代，這稱為**農本主義**。土地面積大小決定農作物收穫量，所以農本主義的價值判斷是地主持有多少土地。

接著發生了工業革命，**資本主義**興起。在資本主義時代，價值的判斷是每個人擁有多少財富，因此必要的能力是人際溝通技巧與賺錢的能力。

再來是出現了資訊革命，興起的是**知識主義**，從媒體的抬頭到網路，現在則是人工智能的登場。知識主義的價值評價，是目標對象擁有多少資訊，

能處理多少資訊。正符合我們所處的這個時代。

接著來臨的將是**感性主義**。

感性主義的價值判斷標的，不是金錢，也不是知識，而是一個以「你擁有什麼樣的意志」、「你是想做什麼事的人」來評價的時代。

感性主義的時代結束時，將發生意識革命，屆時文化主義來臨。而文化主義興起時將變成什麼樣的世界，我還沒有頭緒。

由於文化主義之後的時代發展仍無定論，地球滅亡說等形形色色的論調眾說紛耘。

時間拉回來一點，關於感性主義，其中有一說認為將在二〇三〇年左右開始。

然而就我個人的想法，二〇一一年的日本三一一大地震可能已是開端。或者說那場大地震，必然會掀起感性主義的開始。

這並非無的放矢。在商業項目的分類，其中有一項是孝親費，如果仔細留意孝親用途的消費統計數據，對於「以什麼方式表現孝親」的問題，在三一一大地震前，絕大多數是「送花」、「贈送旅遊券」等贈送禮物的消費。

三一一大地震發生後，有情感聯繫之意的「絆」字，成為關鍵字。大地震之後，同樣是「以什麼方式表現孝親」的問題，「一起吃頓飯」、「一起旅行」等這類能產生情感聯繫的消費大幅上升了。

我發現感性主義在這時候已經萌芽，清楚感受到消費行為從具體的「物品消費」移轉為抽象的「體驗消費」。

另外，在大地震之以後，經營者也紛紛表示「社會價值轉變了」。因為出現太多樣化的個人偏好，導致過去那套大量生產、大量消費的商業模式，已不再適用。現代的消費者們各有不同「想這麼做」、「想那樣做」的個人意向。

■抓住世界的時代變化

感性主義的萌芽不僅發生在日本。

二〇一六年贏得大選，隔年就職的唐納・川普（Donald John Trump）成為第四十五任美國總統。

大選期間誰也想像不到川普竟然會勝選。但實際上他卻當選了。我認為這是猶如世界象徵的美國，低所得階層開始發出他們的聲音。

「即使希拉蕊・柯林頓（Hillary Clinton）當上總統也不會有什麼改變，反正可以預期未來會是什麼樣子……川普是一帖猛藥，雖然不知他會做出什麼，但總之碰個運氣再說，美國必須先砍掉重練，希望能改變社會風向！」

社會底層開始出現這樣的聲音。這個印象使我到現在還記憶猶新。

感性主義與所得、地位無關，而是一個人們開始勇於說出想做自己、想做什麼的時代。

一目瞭然的感性主義特有現象，就這樣出現了。

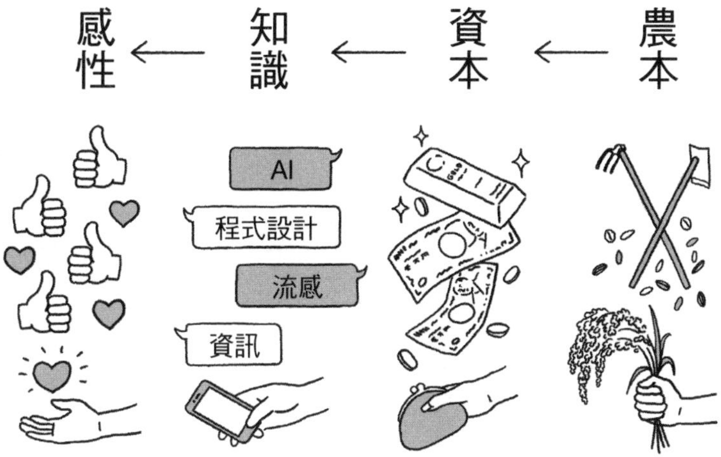

圖 8　從農本主義到感性主義的過程

從農本主義到知識主義的時代，以他人基準而活下去的「虛偽自我」比較能平步青雲，因為只需壓抑本來的自我，符合社會規範就好了。

然而演變成感性主義以後，就無法這麼平順無阻了。

因為你必須面對以下的問題：

「你希望怎麼樣的活著？」

「你抱著什麼樣的生存目的？」

這使得「後設無意識」的重要性浮現。

後設無意識有兩種任務，一是「成為什麼形狀的容器才能展現自我」，二是「收集外界訊息，採取相應的作為，以決定後設程式的方向性」。

後設無意識在以他人為基準的情況下，「本質自我」的輪廓就會模糊失焦，但若是以自我為基準時，該如何活下去就會變得明確；把焦點放在過去，就會只追求個人的正確性；若把焦點放在未來，就能專注實現自己想做的事；只追求舒適的過程體驗，想抵達終點將變得艱難；若把焦點朝向目的，終點就變得輕易可及。

像這樣，理解後設無意識的型態，然後對自己的思考、言行舉止有自覺性的調整，慢慢透過這樣的累積，使想做的事情變更明確，就能更順利地實現目的。

可以說，這樣的生存方式正是感性主義。

下一章，我們就來看看後設無意識的十四種型態吧！

CHAPTER

2

成功者的養成

了解自我「無意識習性」的十四種型態

01

了解自我「無意識習性」的方法

後設無意識中的意識型態稱為**後設程式**（meta-program）。所謂「後設」，也就是以更高的視角（或邏輯）來觀看一切。

後設程式，可以說是獲取外在資訊的過濾器，也是形塑後設無意識、為現實世界定位方向的重要存在。若是能嫻熟後設程式的各種型態，就有可能讓你的人生心想事成。

這裡介紹的後設程式，是以ＮＬＰ的後設程式為基礎。

ＮＬＰ（神經語言程式學）起源於一九七〇年代，由美國隸屬加州大學的語言學者約翰．葛瑞德（John Grinder）和理察．班德勒（Richard Bandler）創始的實踐性心理技巧。這是模仿當時在心理治療方面有卓越成就的大師在治療過程運用的語言模式，所整理出一套改變人類行為具有顯著成效的NLP理論架構。而特別從NLP後設程式發展而出的實用系統，就是「語言行為量表」（LAB Profile）。

■將「NLP・哲學・禪」模式化

我的方法，則是根據過去近三十年的顧問及心智教練經驗，從NLP及語言行為量表更進一步發展，並且融合古代哲學書及禪學中的精華，整理成系統化的模式，加以命名讓人們更明白易懂。

首先，我們一開始先認識有哪些意識型態，以及自己是慣用什麼樣的型態。接著，認清自己想往哪個方向發展，再選擇最適合的型態就可以了。這時候，被羈絆住的情感，只是後設無意識的作用而已，如果發現不太合適，只要適時轉換後設程式的型態即可。

與其費盡九牛二虎之力，去改變人生中不可變的現實因素與內容，不如

圖 9　後設程式是反映外界的過濾器

從個人開始，改變背景的後設無意識型態，用不同角度解讀同一件事，更容易讓現實人生的未來或狀態產生變化。

要先說明，並沒有哪個型態比較好，哪個型態比較差的問題。而是面對不同狀況要因應採取不同型態，事情會比較順利。當然也有可能就整體性來看，選擇某特定型態的確會比較有優勢的狀況。

你所選擇的型態，會讓事物的發展流程截然不同。

簡而言之，只是改變後設無

意識的方向，接下來只要因應當下遇到的狀況，見招拆招就可以了。這就像是幫大腦替換訊息過濾器一樣。

我將從眾多型態中挑出十四種後設程式介紹，只要加以調整，就能讓你的人生心想事成。首先我們就來看看究竟有哪些型態吧。

02

型態①主體性

【主體行動型．反映分析型】

主體行動型＝產生想做某件事的念頭時，立即採取行動的型態。

反映分析型＝產生想做某件事的念頭時，先思考「會產生什麼結果」，或是先檢查確認「能否順利」後，再採取行動的型態。

一般而言，由於主體行動型是立即主動執行目標，通常能獲得較好的成果。**反映分析型因為思慮較多，也有可能錯失先機**。

但是在商務上，有時必須兩種型態兼用比較好。

當然，也有些工作則絕對需要反映分析型。例如，航空管制員或地下鐵的控制室監控員，必須監看整體的狀況再進行分析。如果採用主體行動型，貿然下令：「總之讓飛機飛起來！」或許就無法良好管控工作場域了。

03

型態② 動機方向【目的導向型・問題迴避型】

目的導向型＝基於「要獲得成果」、「實現心中所期望的事物」等動機而採取行動。

問題迴避型＝基於「迴避問題」、「避免壞的結果出現」等動機而採取行動。

例如，**「為了實踐自我而出社會工作」，就是目的導向型；而「不想變得貧窮所以工作」，則是問題迴避型。**

通常創業者採取目的導向型，比較能順利達成目標。

醫生基本上都是問題迴避型。醫生很難說出「絕對要把你醫好，讓你恢復健康」等目的導向型說辭。若是無法出現預期的恢復結果，很容易演變成「醫生你不是說會治好嗎？」等訴訟問題，因此只能打安全牌向病人說明：「做這樣的治療，應該會痊癒」這類保守的話。

■當醫院經營也逐漸走向目的導向……

最近常接到經營醫院的醫師找我諮詢的案子。

因此我提案建議，不是以問題迴避型的商業模式來經營醫院，而是改變成提升活力、讓人想反覆再來醫院的「目的導向型」商業模式。

例如，商務人士在這家醫院接受健康檢查後，思路更清楚了，工作創意源源不絕，從而擴大營業額；近年來市民馬拉松盛行，接受這家醫院的健康檢查後，跑者全程完賽的時間成績變好了；或是打高爾夫的人成績變得更出色了……諸如此類訴求「變得更健康」、「更加有活力」的主張等。

雖然聽說有些牙醫會故意保留蛀牙不治療，以留住患者，但這裡不是採取這種做法，而是在治療後，創造目的導向的價值以取得商機，是更有建設性的做法。

治療症狀後，醫院藉由銷售永續價值，讓患者願意再次上門，創造良好的循環。經營醫院的管理層，不妨也思考看看這樣的商務經營模式。

成功案例：「銷售永續價值」的整骨院

我曾經手某個客戶是整骨院連鎖店，專門治療閃到腰或肩頸扭傷等這些常見病狀。因為他們以一般治療院所的商業模式經營，所以始終無法增加顧客再訪率，而覺得困擾。

以整骨的優點來說，在復健過程中，顧客會將身體全權委託復健師，其實很容易進入催眠狀態。因此，若是能在進行復健治療時，透過談話了解「這個人是想提升營業額的商務人士」，並配合反覆的話術，就能協助顧客達成願望。

我花了大約一年的時間，針對該整骨院所有店鋪，從推拿師到櫃台，對全部工作人員進行員工訓練。結果，訓練成效顯著，即使顧客們身體無恙，但是基於「希望事業更加擴展」、「希望有更多創意」、「想要更漂亮」、「希望縮短跑步的時間」等需求而上門的顧客大幅增加。

另外，針對定期上門的顧客加強行銷，使用回數券更划算。提高優惠方案的吸引力。廢除以往固定一本十張回數券的優惠，改提供一本二十張、四十張、六十張，依張數提高折扣率的回數券。結果顧客抱著「反正每個月都會來」的想法，一本四十張的回數券銷售數量爆發性大增，一本六十張回數券也開始有人購買。

結果，營業額的飆升程度，簡直無法與過去同日而語。

將過去以問題迴避型的經營型態，調整為目的導向型。就是把背景的後設無意識型態改成「銷售永續價值」的方式。

04

型態③ 愉悅的判斷基準
【他人基準・自我基準】

他人基準＝判斷自己的行動是否順利時，需要他人的讚賞或認同。

自我基準＝判斷自己的行動是否順利時，不需要他人的讚賞或認同，而是以自我的內在確信，或以自己的數據去判斷。

感到喜悅時，你是以自己為基準，還是以他人為基準？這個差異不論對事業或對個人生活領域，都有極大的影響。我認為以他人為基準的動機是「偏差的喜悅」。

找回快樂主導權的病人實例

以下是我和某位因為癌症而停業的整骨師談話時，所發生的事。

「為什麼會選擇整骨師的工作呢？」我這麼問他。

「因為希望看到顧客開心的表情。」他回答。因此我對他說：

「我近來常說的『偏差的喜悅』就是這種情況。」

「顧客如果不開心，你就無法開心了嗎？」

「你能不能開心，是操縱在別人身上嗎？」

「如果這就是生病的原因，你有什麼想法呢？」

經我這麼一說，他似乎驚覺到什麼，倏然抱著頭大叫。

「我這四十年來，到底都在幹什麼？」

一個月後，我再次收到來自他的聯絡。

「今天去醫院檢查，癌細胞消失了。」

驚訝的我忍不住問他：「你做了什麼嗎？」

「我確實對於如何擁有喜悅產生了偏差。這一個月，我以自己為基準，徹底思考，究竟在什麼情況下我會覺得開心？不是他人的想法做法，而是哪些事完成了，我會認為自己很棒。」

「總之在休養期間有相當充裕的時間，所以能仔細思考，持續去做我認為有價值的事。結果再到醫院檢查時，癌細胞已經消失無蹤，醫院的醫生也說，不需要再進行定期檢查或回診。」

如果總是以「他人為基準」，就無法持之以恆

難道顧客無法認同，你就不是出色的人嗎？

比方說餐飲店，有人覺得好吃，也有人覺得不好吃，這是理所當然的。

然而，如果你的思維模式是顧客沒有表示好吃，你就認為供應的餐飲不合格，那麼，究竟你真正想做的是什麼呢？

當然，符合顧客的喜好能使營業額上升，但是，如果任何事都只看顧客喜好，就形同放棄自己的價值觀。一般人常糾結在這個基準，所以歸納出「不知道該做什麼，乾脆按兵不動比較安全」，因而踩住剎車。

又或是在以他人基準而行動時，逐漸因為他人的基準被耍得團團轉，以致筋疲力盡，產生「做什麼事都不順利、總覺得怪怪的」這樣的想法，因而中途放棄。這就是有部分創業人士在事業正要起色時，卻在三年階段就撤退的主要因素。

另外，一旦被旁人批評，或是有人說了什麼輕視的言論時，以他人為基準的人，就會擅自對號入座，把這些負面訊息和自我的人格畫上等號，認為「我受到批判及否定」，因為這樣的特性，感受到許多負面的想法，事業發展不順、人際關係受挫、久病不癒等，形成諸事不順的溫床。

相對的，以自我為基準的人，不會輕易把外界資訊和自我人格相提並論，只單純將之視作資訊，因此不會產生負面想法。可以說，你究竟是使用他人基準還是自我基準生活，將會大大左右現實人生的走向。

05

型態④ 思考方向【過去基準・未來基準】

過去基準＝行動時，思考「為什麼」想做的理由，以及在自己的行為沒有達到順利結果時，執著在思考「為什麼」不順利的原因。

未來基準＝行動時，思考「為何」想做的目的，以及在自己的行為沒有達到順利結果時，思考「為何」不順利，並思考其他目的或新的可行做法。

一般來說，把焦點放在過去的原因時，事情進展就容易變得不順利。

以過去為基準時，當發生意外之際，常會自問或質問他人：「為什麼會發生這樣的狀況？」因為想找出原因，所以使用「為什麼」這個用詞。但是，這麼做通常無法找到真正的原因。

豐田式改善無法套用在人類身上

有人認為，應該仿照豐田汽車公司在生產線上實施的**豐田式改善**：「重複問五個『為什麼』」。在機械的領域這是有效的，因為如果是機械的問題，究竟是不是一公釐厚度，工序該如何處理等，必定可以找到標準答案。

然而，人類的性格、思考系統組成極為複雜，若是把這套方式套用人身上，單以「為什麼」來採究原因，不但無法找出答案，反而會讓情況變得更糟。我在擔任企業顧問就曾感受到，在一家社長偏好頻頻追問「為什麼」的公司，員工很難成長，得憂鬱症的員工比例也偏多。

舉個例子來說，小孩子考試得到八十分。

當媽媽把焦點放在追究原因，問小孩：「為什麼考八十分？」小孩就會

下意識地找藉口。

相對的，若是以未來為基準，把提問內容變成：「是因為什麼目的而考八十分呢？」也就是，提問時要以「其中應該有個很大的目的，對吧」為前提。把視野放在未來，問的是「究竟是為了什麼目的」。

■你是「為何」而生病呢？

生病時，也不是問「為什麼會生病呢？」，而是問「為何而生病呢？」。這麼一來，**「這場病是因為什麼意義而來臨？有必要去發現其中的意義」的前提就會因此產生**。

不過，一旦追究「為什麼會生病呢？」，就會變成把焦點放在過去，話題便會轉成以「有某種不好的事情」為前提而進展。

單單只是把焦點放在過去或未來，身體反應及腦部活動就會因此有極大的差異。

06

型態⑤ 動機的選擇理由

【程序型・選項型】

程序型＝要做事以前，期望別人提供「能順利成功的方法」。

選項型＝要做事以前，會自行思考「能順利成功的方法」，期望從多重選項中，自行選擇。

如果詢問「為什麼做這個選擇」時，兩者回答是不同的。

程序型，是把焦點放在過去，主要著重在那些事過境遷、不可變的事情或經過。

選項型，則把焦點放在未來，選擇的理由與考量著重在事物的價值標準

（刺激、有趣，或有意義等）、機會，或可能性。

■經營的彈性，適度調整動機的選擇理由

不論程序型或選項型，都會因為商務內容或狀況而變化。

例如醫療等事業，需要程序型的要素，以正確的方式去做正確的事情。

不過，若是思考「增加顧客」、「提升營業額」的行銷主題，程序型就不適用了。

如果原本是把焦點放在過去，以傳統正規方式的事業經營模式，不強迫顧客接受，才是正確的經營策略。在此原則下，為了達到「增加顧客」的目標，不妨增加更多選項，替換成讓顧客選擇的選項型。

這麼一來，對於新型態選項型有反應的顧客就能源源而來，反之亦然。

07

型態⑥ 重視的行動價值

【做人型・做事型】

做人型＝行動時，習慣把焦點放在經驗的過程，諸如快樂、興奮、充實、沒有焦慮不安、安全感，與安心等感覺，是重視情緒與感受的型態。

做事型＝行動時，習慣把焦點放在經驗後的結果，「這麼做，收入或評價會變怎樣呢」、「這麼做，能迴避哪些問題或風險呢」等，是重視物質、現實成果或任務完成的型態。

業績好和業績差的業務員，後設無意識截然相反

以前曾有個轉業到顧問公司的業務員，因為無法達成每個月的責任額，在公司待得很痛苦，而跑來找我商量。

我先跟他確認：**「你對於業務工作，最重視的感受是什麼？」**剛開始，他給我的回答是：「應該是充實感。」

我心想，出現危險的答案了，接著又問：

「那麼，獲得充實感的背後，你要追求的是什麼呢？」

他停頓了一會兒，接著說：**「我希望和夥伴有一體感。」**

他的回答讓我確信，這樣的想法確實無法達成責任額。

為什麼呢？

不論是充實感，還是與夥伴的一體感，皆屬於「做人型」，焦點都不在

於做了之後能得到什麼結果，或能迴避什麼。

因此我這麼說了：

「的確，無論是業務工作能讓你產生充實感，或是與夥伴之間擁有一體感，這都相當重要，**那麼，你認為上司的評價會因此產生什麼改變嗎？收入方面又會有什麼樣的變化呢**？」

我刻意唐突地拋出一個**把焦點放在達成目標後的問題**。

對方因為不習慣「做事型」的型態，停頓一下子，「會怎麼樣呢……」

接著他邊思考邊說「上司的評價大概會變成這樣吧……」、「收入可能會有這樣的改變……」。

這時，重要的並不是回答的內容。

而是把焦點放在「達成目標」之後的事。

讓大腦習慣新的後設無意識，才是目的。

「我第一次達到責任額了！」接著在下一個月，他再度聯絡我，開心地與我分享業績達標的喜訊。

08

型態⑦ 目的焦點

【目的基準・體驗基準】

目的基準＝行動時，因為達成最終目的而感到喜悅。

體驗基準＝行動時，因為過程中的體驗所獲得的開心、興奮、充實、安心，或亢奮等感受而感到喜悅。

■切換目的基準型，而成功得到優勝的淺田真央選手

在體育界，選手心中把持的目的焦點基準不同，所得到的結果也將截然

不同。

舉個最容易了解的例子來說，是**花式滑冰選手淺田真央**。

雖然和型態⑥的做人型、做事型有部分重疊，但也能從體驗基準、目的基準之角度來觀察這個例子。

在二〇一四年索契冬季奧運會，當時淺田真央是最被看好的金牌選手，無論在機場或比賽會場，都受到採訪記者群的包圍。

「淺田選手這次希望如何表現呢？」當時面對記者提出的問題，淺田真央總是回答：**「我希望表現出自己的技巧。」**

我當時就覺得不妙，心想：「她可能會輸掉比賽，沒人可以提醒她嗎？」結果，一開始她就在個人花式短曲出現重大失誤，而落得第十六名。或許是因為打擊過大，兩天後的自由長曲項目，她頭髮蓬亂地進入會場，最後止步於第六名，錯失金牌。

一個月後，舉行世界花式滑冰錦標賽。記者照例問她：「淺田選手這次希望如何表現呢？」這一次，她果斷回答：

「希望在最後結束時，我能說已完全做到我所能做的。」

聽到這句話，我心想，「這回應該可以如願以償了吧？」果然如我所料，她取得了冠軍。

「我希望表現出自己的技巧」，是把焦點放在體驗的過程，而把終點置之度外，因而未能到達終點。

相對的，**執行目標的前提，如果著眼在「為何」達標，大腦就會擅自啟動指令，「那麼，首先就是要到達終點對吧。」**

在目的基準型態下，能使許多事情進展順利，更能強化生命力。當然，若是經驗過程中有喜悅，努力更能長長久久持續。換言之，若能兼具目的基準與體驗基準應該是最好的。

■大腦追求的是「目的」與「終點」

即使在商務世界，只持體驗基準行事的人也不少見。

比方說，有些人希望能在事業上成功，年收入達一億日圓，當詢問他們「是為何想要賺到年收入一億呢」，他們會列舉許許多多理由。

實際上整理出來時，多數人說出的理由是「因為這樣會很開心吧」、「因為會有安心感」、「因為會很興奮」等，大多把焦點放在體驗的過程與感受。

所以我進一步追問，

「為何想要這樣的快樂呢？」

「為何想要這樣的安心感呢？」

但他們的答案卻是「……」。

「咦？沒有一個『為何』想要這麼做的目的嗎？」

例如，在搭乘電車時，眼前有一個空位，你正想要走過去坐那個位子，就在那個座位前，另一個男性也正好想坐在那裡。

假設那位男性對你說了以下這句話。

①「抱歉，請讓座給我。」

②「抱歉，我的腳不方便，請讓座給我。」

當對方向你說①或②時，你的反應及感受，會有什麼差異呢？

另外，哪一種說法能令你想讓座給這位男子呢？

是否句子②比較能令你有讓位意願呢？

因為對方的「為何」很明確，所以能使你爽快地禮讓位置。

大腦運作也是相同的道理。

對大腦而言，要處理沒有意義的事本來就很痛苦，因此必須給它意義。

「為何要年收入一億呢？」

「請不要讓我去做沒意義的事喲！」

這就是大腦想對你說的話。

09

型態⑧ 實際責任者是誰

【歸咎他人型・自我究責型】

歸咎他人型＝身邊發生的現實，不論是正面或負面，都推責給自己以外的外在原因之思考方式。

自我究責型＝身邊發生的現實，不論是正面或負面，都認為是自我意識而導致事情結果之思考方式。

比方說，生病或發生意外事故時，歸咎他人型並不會認為「是我自己造成的」；另一方面，自我究責型則會解讀為**「就連生病或意外，也是源自某個自己造成的原因」**。

當事業不順利時，歸咎他人型會從外在環境尋找怪罪的理由，例如「工作人員很差勁」、「同業很惡劣」、「大環境不好」等。因此，這類人容易受到社會上某種肉眼看不見的事物控制，尤其是被無形事物擺布的感受特別強烈。因此常處於被動位置，很難主動打破現狀。

然而，替換成自我究責型時，就會改以自我為核心思考：**「為何我會讓事情發展的這麼不順呢？」**結果，新的流程就產生了。

■因自我究責型而賺大錢的社長實例

我有個客戶是社長，每月與我見面一次。

在某次酒宴上，社長說：**「最近我被騙了兩千萬！」**

「你一定報警了吧？」我立刻問他。

「我沒報警。」沒想到他竟然這麼說。

「為什麼不報警？兩千萬耶！」

「也不是，雖然現在還不清楚原因，但是把那個詐欺師叫來，讓他有機會詐欺我的人，就是我自己。」

社長這麼一說，我恍然大悟。

「所以才不報警。」

「社長如果覺得沒關係就算了，不過，兩千萬實在太可惜了。」

我以一般庶民的感受如此應和，這件事就到這裡暫告一個段落。

一個月後，又到了面談的日子。

「上次那件事有了後續發展。」社長說道，

「上一次跟你喝酒後，過了兩星期，詐欺師突然出現在我面前。他對我說很抱歉，他把錢都花光了。所以我對他說，『沒關係，雖然我不知道你是什麼理由，讓你有機會詐欺的人是我』。

結果詐欺師說：『不，真的很抱歉。雖然沒辦法還錢，但我還有一些人脈，我會介紹給你，請盡量利用。』

『那就請你介紹給我吧。』

結果因為他介紹給我的人脈，產生八千萬的利益。算一算我還是賺到錢了！」

若是遇到詐欺事件之際，社長的語言型態是「我被那傢伙騙了」的歸咎他人型而報警，詐欺師就不會再出現他的面前了吧？當然應該也不會產生後面那八千萬的利益了。

但社長卻是抱持自我究責型的語言型態「他會詐欺都是因為我」，因而誕生新的發展，這讓我深刻體會到「原來事情的發展還可以這樣演變」。

10

型態⑨ 理解事物的方式
【悲觀基準・樂觀基準】

悲觀基準＝發生問題時，習慣解讀為「發生討厭的事了」，接著開始往最糟糕的發展劇本思考。

樂觀基準＝發生問題時，習慣解讀為「機會來了」、「發生有趣的事」，並往最好振奮人心的發展劇本思考。

因為社會發生的意外或災害而受到影響，對經商者而言是家常便飯，這時候，**語言型態若是「景氣變差，客戶可能會跑掉，怎麼辦？」**就是悲觀基準。

「在經濟混亂的時期，有人損失，也會有人獲利，或許對自己來說是千載難逢的機會，該怎麼做才好呢？」如果是這樣的語言型態，那麼則是樂觀基準。

■發生經濟恐慌時，億萬富翁增加的原因

在過去發售的《週刊東洋經濟》特集報導中，曾刊登以下這篇關於「聰明或愚笨」的大學研究案例。

◎如果人們相信六歲時，就已經決定了「天生是聰明或愚笨」（因為是基因遺傳，無法改變），之後學生時期的學業成績也不會太出色。

◎相對的，如果人們相信「聰明或愚笨是可以靠著後天努力改變的」（靠個人努力可以設法改變才智），之後學生時期的學業成績比較會有優秀的表現，出社會也相對能一展長才、有好的發展。

換句話說，當事人深信不疑的信念、或不同背景的前提，對學業成績和工作所得金額這種實際的數字表現，也會造成影響。

過去曾發生石油危機、黑色星期一、世界大恐慌、次級房貸問題、雷曼兄弟金融風暴等經濟性的打擊，不過看了納稅排行的億萬富翁誕生人數，**越是經濟打擊事件多的一年，億萬富翁誕生的越多**。

一般人通常是把焦點放在經濟衰退，如「雷曼兄弟破產了……經濟也會變差吧？」的語言型態；相對的，多數的億萬富翁則是抱持「當有人損失時，就應該有人致富」的思維。每當打擊經濟的事件發生了，「這次能賺錢的人是誰？哪個行業？把投資集中在那裡吧！」他們就會以這樣的語言型態作為思考前提，採取行動。

事實上，回顧歷史的經濟發展軌跡也顯示，對經濟造成巨大打擊的事件越多，誕生的富翁越多。

換言之，當你看到社會上發生的事、個人工作的業界變化，或是生活周遭的事情，你是「以什麼樣的前提觀察？」、「究竟把焦點放在什麼地

方？」，隨著關注的焦點不同，得到的結果也將截然不同。

所以，當你想要找出自己的思維前提或焦點，從發生的結果去回頭尋找，才是捷徑。

以結果來說，有事情進展不順利時，可能是以「進展不順利」為前提，或是焦點放在了「將會進展不順利」；而事情進展順利時，可能就是樂觀以「進展順利」為前提，或焦點放在了「將會進展順利」上吧。

究竟你是在什麼樣的前提下，去看待自己的工作或這個世界呢？

你是否有把焦點放在可能妥當發展的事項呢？

或者，你總是悲觀，老把目光焦點放在可能無法順利進展的事項上？

11

型態⑩ 下判斷時的心理狀態

【分離體驗型・實際體驗型】

分離體驗型＝決定事物時，主要依賴理性、理論、數字的語言行為型態。

實際體驗型＝決定事物時，基於自身生存目的「自我價值觀」的語言行為型態。

比方說，面對是否要執行新企畫的決策時，如果企圖以數據、實例等資料下客觀判斷，例如語言型態為「**無前例可循**」、「**歸納問卷調查及聽取意見，結果並不理想**」、「**條件並未吻合**」等，屬於分離體驗型。

相對的，如果語言型態為**「確實沒有前例可循，條件也並未完全吻合，但是不朝這個方向進行，就不可能有更美好的未來，所以無論如何都要找出方法去做」**，這就是實際體驗型。

■為什麼很多人生病都要找心理學專家諮商？

在接受許多病患客戶諮商的過程中，最近有件事令我很在意。

那就是「○○心理學等專家特別多」。

社會上風行的心理學領域五花八門，對心理學感興趣的人變多了，這是很棒的事。

然而，也有可能因此產生弊端。

生病的客戶來找我諮商時，我常問他們，「你覺得為什麼會生病？」、「從這次的疾病可以得到什麼好處？」其中有些人的回答是**「根據○○博士的說法……」**，或是**「○○心理學是這麼說的，所以我認為是這個原因」**。

因此，我便進一步問他們：「先不管○○博士的意見，你有什麼想法？」結果對方一句話也回答不出來。

這就是在判斷某些事物時，把外界的知識分子或常識理論當作武器來判斷的分離體驗型之特徵。換句話說，就是沒有自己的價值觀。

而且，**這種狀況的問題，不在於外界的知識分子或常識理論，而是「為什麼不提出自己的價值觀」的背景當中有問題**。

常出現的狀況是「如果說出意見，會被視作傻瓜」、「提出想法會遭到批評」等思考前提。一旦人有了這類的前提時，每每要提出意見時，就會浮現「我會不會被恥笑」這種不愉快的感覺，因而直覺地企圖採取與自我價值觀分離的應對方式。這或許也是一種防禦反應。

而且，每當提出**「根據○○博士的說法」這類外界的知識分子或常識理論時，就會再度強化「我是笨蛋」、「我比別人差勁」等自我否定的前提或感受，身體也會受到負面影響**。

因此，常以這種分離體驗型採取行動、判斷事情的人，有必要多注意。

12

模式⑪ 行動的決定前提

【義務型・欲求型】

義務型＝要做某件事之前，腦中浮現的台詞是「不做不行」、「應該做」，再採取行動的語言行為型態。

欲求型＝要做某件事之前，腦中浮現的台詞是「做吧」、「我想做」，再採取行動的語言行為型態。

在義務型的語言型態下採取行動，大腦也會隨之開啟痛苦系統。不論做什麼都伴隨著「為了討生活」、「為了活下去」的義務感，因此容易感到痛苦不堪。如果在工作場合，則會變成「因為工作太痛苦，得過且過就好」，而踩住剎車。

相對的，以欲求型採取行動時，「為了這個原因，所以想這麼做」的目的性就非常明確，能有效啟動大腦報酬系統作用，進而正面、積極面對待辦事項並行動，使其順利運作。

面對人生，欲求型行動更有利的腦科學理由

大腦的痛苦系統，是處理痛苦的事項時發揮作用的系統。當這裡發生作用時，大腦的下視丘會對腎上腺發出命令，分泌皮質醇、腎上腺素等荷爾蒙物質。

分泌出皮質醇時，能抑制免疫機能，促使血糖上升；分泌腎上腺素時，則會使血壓升高、脈搏加速，進入備戰模式。這是人類洞察到危險時，因本能決定逃走或戰鬥的瞬間反應所需的荷爾蒙。

在我們的日常生活中，要是遇到需處理計算、數據分析等有關數字的活

動時，就會強化痛苦系統的作用。當人面臨不能出現疏失、犯錯的情況，確實需要痛苦系統幫助我們提高敏銳力，但如果長期持續，將會身心俱疲。

相對的，報酬系統則是大腦處理愉悅事項的區域。

當報酬系統作用，再次對腎上腺發出命令，指示分泌多巴胺、血清素等荷爾蒙物質。多巴胺是興奮物質，血清素則是令我們感覺幸福的荷爾蒙。所謂的抗憂鬱劑，其實也是促進分泌多巴胺及血清素的藥物。不過，只要讓大腦的報酬系統產生作用，這些荷爾蒙物質都能自動產生。

報酬系統所產生的物質，是人們發揮創造力、想像力等活動時必備的。報酬系統雖然能使身心處於放鬆狀態，但是當痛苦系統作用占多數時刻，身心仍會進入緊張狀態，因而囤積壓力。尤其是一想到與金錢相關的事項，痛苦系統就會發生作用。

時薪兩百和時薪五千，哪一個工作條件比較痛苦？

科學家曾做過這樣的實驗：把十個人聚集在一起，請他們進行同一項單純的作業。實驗分成兩組人，第一組給予時薪兩百日圓。第二組給予五千日圓。實驗目的在於了解：「哪一組工作條件會讓大腦痛苦系統產生反應」。

實驗結果出來後，我對於結果很吃驚。

結果竟然是時薪五千的第二組，他們的痛苦系統出現反應了。

進一步確認，科學家發現第一組人抱著「反正只有兩百日圓，就輕鬆地做吧」的想法工作；相對的，**第二組人卻產生義務感，認為「這麼單純的工作領五千日圓，真的可以嗎？不好好去做不行」**。

也就是說，希望增加薪資、提高營業額固然很好，但是一旦萌生**「必須更努力才行」的義務感時，痛苦系統就會發生作用**。

因此，**為了輕易獲取財富而過度拼命時，誘發大腦的痛苦系統發生作用，可能更容易使身體、事業都因此遭受摧殘**。

13

型態⑫ 自我認知【限制的自我・絕對的自我】

限制的自我＝遇到健康狀態不佳，或事情進行不順利時，就認為自己「很差勁」、「沒價值」、「不足」的思考型態。

絕對的自我＝即使健康狀態不佳，或事物進行不順利，也能感受到「自己光是存在就有其價值，就這樣子也可以」的思考型態。

■以限制的自我生活，過度拼命的人會崩壞

限制的自我，越是企圖對他人有所貢獻、越是企圖讓事業成功，就越容

易因為一點小事而挫折，感到自我厭惡。而且，容易想起「麻煩」或「有其他非做不可」的事項，因而停滯不前。

越是頑強的人，越容易出現的語言型態是「我這樣不行，我要盡快讓自己脫離這個狀態」、「現在不是說喪氣話的時候」、「現在要靠的是氣勢和耐力」等，試圖努力突破這個停滯的狀況。

長期下來，由於限制的自我，結果形成心理負擔，搞壞身體、遭到意外事故、詐欺等。因為不自覺的自我貶低或自我傷害傾向，而導致自己莫名走向不好的結果。

舉個容易理解的例子，比方說新聞報導演藝圈當紅的藝人，因為不慎涉嫌性騷擾或毒品問題，以致被社會大眾唾棄、健康狀康亮紅燈等，就屬於這類狀況。

■若有絕對的自我，就不會輕易動搖

在「絕對的自我」型態下，語言型態常是：**「即使事情展不順利，也和我的存在價值一點關係都沒有，只是這次做法剛好不順利，用別的做法再試試看就好了」**，當事人能清楚把當下發生的狀況與自我價值分開思考。

14

型態⑬ 目標投入程度
【結果期待型・結果行動型】

結果期待型＝有想做的事情時，要等條件齊備，才會採取行動的思考型態。

結果行動型＝有想做的事情時，首先會為了準備好所有必要條件而行動的思考型態。

例如，A和B都想開一家義大利餐廳。

A說：「**如果我有五百萬存款，我想實現開義大利餐廳的夢想。**」這就是備齊條件才付諸行動的結果期待型。

B則是說：**「我要開一家義大利餐廳，現在為了存五百萬，正在做○○事。」**這就是直接付諸行動去做該做的事，讓事情、目標有所進展的結果行動型。

你認為哪一個較容易達到成果呢？

不用說，當然是結果行動型的B。

改變語言和行為的使用方式，把大腦切換為結果行動型

幸運的是，我們有機會透過語言和行為來切換這兩種型態。

這是我和某位經營者談話時發生的故事。那位經營者有很明確的生存目的（自我實現），沒想到他竟然是癌症末期。他說：**「只要我治好癌症，就要回到工作崗位。」**

這完全就是所謂的背道而馳。

也就是說，他希望能回到職場來完成他的生存目的，但卻是必須先滿足

「癌症痊癒」的條件，再付諸行動的結果期待型。

因此我建議他，將語言和行為切換成結果行動型，**「我為了實現我的生存目標，所以要透過事業成就達成，因此癌症最遲要在某個時間點前治好。」**具體的陳述是：「我為了開創〇〇，所以要做這些事，因此必須在〇〇以前把病治好」。我要他想像針對生存目的而採取行動的自己，並且把公司幹部叫到病房，下達指示，開始運作他的事業。

由於大腦把想像的情景判斷為「現實」，他的身體也配合想像而產生變化了。

結果，大約半年的時間，本來是癌症末期的他，消滅了八成左右的癌細胞，恢復健康而出院了。

15

型態⑭ 人生的根本欲求【生存欲求・目的欲求】

生存欲求＝追求能存活下來、安心與安全，避免死亡等，為了求生的行動型態。

目的欲求＝實現生存目的、活得像自己，為了自我實現的行動型態。

■奧斯威辛集中營倖存者的共通點

以奧斯威辛集中營這個極端的案例來說明。二次大戰期間，納粹德國以淨化民族的名義，進行有組織的大規模虐殺。當時不分男女老幼，逮捕了大量的猶太人，監禁在集中營，平均一天奪去了高達數萬人的性命，總計約四百萬猶太人。奧斯威辛集中營正是其中一個淒慘的現場。雖然納粹德國最後戰敗，被關入集中營的猶太人，卻只有數百人僥倖活了下來。

心理學家維克多．弗蘭克（Viktor Emil Frankl）就是其中一位倖存者。他在戰後以「為什麼我們能活下來」為主題研究。他認為任何人都想活著走出集中營，但在這之中能夠活下來的人，究竟與其他人有什麼不同呢？

是因為比較強壯嗎？當然不是。

是因為擁有更多財富嗎？這也不是。

維克多．弗蘭克寫道：「當我發現這件事時，衝擊之大簡直如雷灌頂。」

那就是**「自始至終都沒有忘懷己身目的人們」**。

倖存者中有個麵包店老闆。他是這麼想的——

「戰爭結束後，我要重新在繁華的街上開一家麵包店，剛出爐的麵包香氣飄溢在整條街，讓街上的人都覺得很開心，所以我不應該一直待在這樣的地方。」

還有一位倖存者是鋼琴師。

「世上的人因為戰爭而疲憊不堪，我要以鋼琴師的身分走遍全世界，以琴聲撫慰全世界的人們。所以我不能一直待在這樣的地方。」

就像這樣，能在集中營高牆的另一邊找到目標的人，他們活下來了。**單純只想著要出去集中營的人（生存欲求型），他們最後都遺憾地失去了性命。**

另一方面，能夠活下來的則是「始終沒有拋棄目的欲求的人」。

這個人生根本欲求的基準，甚至能影響到生命存活的機會多寡。在集中營高牆的另一邊找到「我為何而活」之目的，是強韌的生命力所必要的。

■生存欲求型行不通的原因？——大腦會逆向運作

為什麼生存欲求型的人，常會發生事與願違的狀況呢？

如果用黑筆在白色板子上書寫，明顯的白底黑字輕易就能讓人有反應；若是用黑筆在黑色板子上寫，因為看不出黑字痕跡，也不會造成任何影響。因為有對比的白色背景，因此黑筆才有存在意義。

相同的，因為有「下」的概念，才因應產生「上」的概念；有「惡」的概念，才有「善」的概念；以此類推，因為有痛苦艱難，才會有幸福喜悅的概念，人才會去追求幸福喜悅，或是體驗到何謂幸福感、喜悅感。

這個世界就像這樣，因為有著某項對比的相對事物，才會產生相對應的概念，也才有可能體驗到其中涵義。

因此，若是渴望活下去，想活在安心安全的生活狀態，要讓這些欲求存在的對比，需要什麼樣的概念呢？

是的。

就是「意識到死亡」，或是「感受到辛勞、危險」的對比。

因此大腦就會開始認為「必須要有死亡逼近的危機感，或是感覺辛勞或危險。如果不製造死亡的危機意識，或是其它能感受到辛勞或危險的事情，是不行的」，因而慢慢誘發人生出現疾病、意外、災害、事業失敗、人際關係失和等現象。

同理，當你持續懷有「想要錢」的欲求時，則需要「缺錢」、「對金錢有焦慮」等對比概念，無形中就會引導你走向那些會說出「缺錢」、「對金錢焦慮」等現實情況。

像這樣，如果不知道**「大腦會逆向運作」**的情況，不小心就會招來事與願違的生活。反過來說，也有人由於為死亡做好準備，或為死後進行準備，反而使得癌症病情好轉了。

記住，大腦是會逆向運作的。

你屬於哪一種？

型態①	主體性	主體行動型	⟷ 反映分析型
型態②	動機方向	目的導向型	⟷ 問題迴避型
型態③	愉悅的判斷基準	他人基準	⟷ 自我基準
型態④	思考方向	過去基準	⟷ 未來基準
型態⑤	動機的選擇理由	程序型	⟷ 選項型
型態⑥	重視的行動價值	做人型	⟷ 做事型
型態⑦	目的焦點	目的基準	⟷ 體驗基準
型態⑧	實際責任者是誰	歸咎他人型	⟷ 自我究責型
型態⑨	理解事物的方式	悲觀基準	⟷ 樂觀基準
型態⑩	下判斷時的心理狀態	分離體驗型	⟷ 實際體驗型
型態⑪	行動的決定前提	義務型	⟷ 欲求型
型態⑫	自我認知	限制的自我	⟷ 絕對的自我
型態⑬	目標投入程度	結果期待型	⟷ 結果行動型
型態⑭	人生的根本欲求	生存欲求	⟷ 目的欲求

圖 10　無意識習性（後設程式）的十四種型態

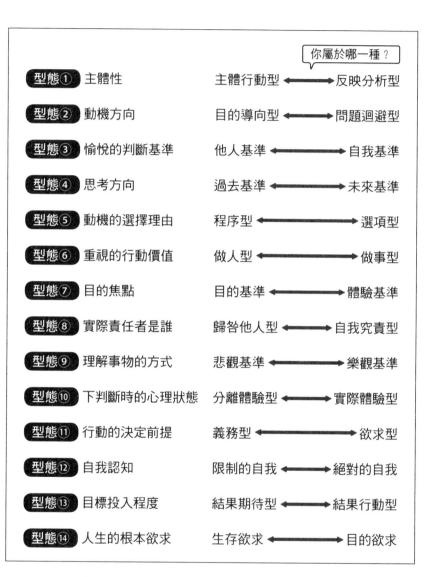

CHAPTER

3

一流菁英的高效心智訓練！

重新改寫「後設無意識」

01

機會或損失？「莫名〇〇」的五感資訊詞彙，會改變現實

一般人遇到變動的社會性事件或趨勢時，常會直觀先認為「經濟要變不景氣了」（悲觀基準）；然而，成功者的心態就像是個濾鏡，他們所想的是**「當有人損失時，就應該有人致富」**，因此像雷曼兄弟破產這種金融風暴，成功者所出現的語言型態是**「機會來了！會賺錢的行業是什麼呢？」**，反應有別於一般人（樂觀基準）。

這樣的差異，究竟是從什麼地方產生的呢？

其實，兩者差異只不過在於後設無意識朝往哪個方向，又把焦點置於哪個地方。就是這麼一點微小之處而已。

藍色蘇打水倒入普通的杯子裡，看起來就只是普通的杯子，若是倒入米

老鼠形狀的杯子，看起來就會像米老鼠；倒入妖怪造型的玻璃杯，看起來就會是很恐怖的妖怪。也就是說，不論倒進什麼東西，看到的都是容器的形狀。

這個容器就是後設無意識。

後設無意識的定型過程而如下：

①透過視覺、聽覺、嗅覺、味覺、觸覺這五種感官單純收集資訊。

②為收集到的資訊賦予語言。

③依據語言的不同，決定賦予不同的詮釋。

④依據詮釋，再決定要產生怎麼樣的情緒。

⑤誕生情緒性的「社會就是這樣」、「不可以這麼做」、「應該這樣做」等信念（驅動人類的大腦程式）。

「信念」的根源，是語言附著在過去收集的五感資訊。然後，在「為什麼選擇這個語言？」的步驟②，與後設無意識產生了連結。

基於「莫名〇〇」的印象而保管的五感資訊內容，有著不同型態，而後設無意識將會檢查內容是否符合過去設定的型態，並在必要時加以改變。因此你的思考、行為、語言都跟五感資訊與詞彙息息相關。

02

成功腦的後設程式型態

一直以來，時代不乏出現形形色色的成功人士，但我認為一般人很難重現他們的成功模式。這是因為我們不會知道，他們過去是以什麼樣的判斷基準來行動。

因此我花了將近三十年的時間，持續訪問成功人士，經年累月研究，想找出是否有所謂的成功模式。在資料累積的整理下，終於得到結論，我明白了**一切在於後設無意識的方向性，亦即你的後設程式選擇什麼樣的型態，就是成功與否的關鍵**。

因此，我以成功者的大腦模式為基礎，整理後設程式而得到的最新版本，就是第二章介紹的十四種型態。這十四種型態沒有所謂的高低優劣之分，在每種不同情境下，有不同的最適合型態，要選擇哪個型態是你的自由，只不過，那些**生活行事順遂、常心想事成的人，都是以共通的成功腦型態生活的**。

我們每個人都是日日夜夜一步步地走在人生這條道路上，但若是偏離了方向，即便只稍稍是偏離了一點點，同樣投入了勞力及時間，抵達的將是天差地遠的終點。

因此，不妨在這一章檢視你的後設程式是什麼樣的結構，若是有不對勁的部分，就來加以調整吧！

這麼做的目的，是為了找出你在不自覺中使用的**後設程式**型態。

只要能夠嫻熟後設程式結構，就能因應不同情況，選擇最適合的型態，隨時回歸基本的成功腦型態。既能洞悉大腦思維，也更能看清事物，不容易偏離自我的軸心。

就結果而言，可以提高成功模式重現的機率。

那麼，我們就先來看看「心想事成者的十四種成功腦型態」吧！

03

心想事成者的十四種成功腦型態

■型態① 主體性 ○主體行動型 × 反映分析型

如果想創業或在事業上獲取成功，就採取「要做就從今天開始」的**主體行動型**。一旦想著「結果會怎麼樣呢」、「能進行得順利嗎」等顧慮，就會變得不安而鑽牛角尖，導致不自覺把琢磨「能進行得順利嗎」成為目的。

■型態② 動機方向 ○目的導向型 × 問題迴避型

採取行動時，不是以「迴避問題」的前提，而是以「要獲得心中期望的○○」的**目的導向**來形成動機。一旦去想像「要迴避○○」，大腦反而就會實現你所討厭的事項。

■型態③ 愉悅的判斷基準 ◯自我基準 ×他人基準

為了尋求他人的讚賞或認同，而跟從他人的意見，導致不是自己原本想做的事，卻不得不做的言行舉止，會讓你因此形成壓力。「因為自己想做才做」的**自我基準**，能讓大腦更容易實現你的想法。

■型態④ 思考方向 ◯未來基準 ×過去基準

「為什麼想做這件事？」、「為什麼無法順利進行？」這類語句中的「為什麼？」是企圖從過去尋找原因。一邊把意識專注在過去，另一邊又要迎戰未來而行動，我們的大腦並沒有這麼厲害。若是有想做的事、無法順利進行的事情，應該要問「為何想做這件事？」「為何會進行不順利？」，以

「為何」來問自己，使用**未來基準**思考。

■型態⑤ 動機的選擇理由 ○選項型 ×程序型

坐等別人告訴自己如何成功的方法，再遵從方法去做，這樣的態度會減弱創造新事物的力量。那些能順利圓夢的人，習慣自主思考實現夢想的方法，自己選擇出如何讓事情順利進展的策略，以基於自我意志做選擇的**選項型**而生存。

■型態⑥ 重視的行動價值 ○做事型 ×做人型

開心、興奮、充實等情緒的感受固然重要，但如果一開始不是重視**做事型**，就不會加以思考「去做這件事，收入與評價會怎麼樣呢？」、「做這件事，能夠避免什麼樣的問題或風險呢？」，如果沒有思慮周全的行動，也無法得到甜美的實際成果。

■型態⑦ 目的焦點 ◯目的基準 ×體驗基準

付諸行動時，雖然因實際體驗而感到愉快的心情（快樂、興奮、充實）也會形成動力。但如果一開始沒有以**目的基準**作為焦點（達成最終目標伴隨而來的喜悅），就難以達成目標。

■型態⑧ 實際責任者是誰 ◯自我究責型 ×歸咎他人型

不論正面的事、負面的事、疾病，或事故等生活周遭發生的現實狀況，認為一切發展都跟自己有關、是自己造成的，這種思維正是**自我究責型**的成功腦。如果你總是認為失敗或不順利的情況，都是外在因素導致的，就容易陷入僵局，無法精準解決問題。

■型態⑨ 理解事物的方式 ○樂觀基準 ×悲觀基準

某一件你想要去做的事情，發生了一些問題時，如果你只是認為「發生了討厭的事」，這樣的解讀方式並無法使事情進展順利。成功者是在最惡劣的情況時，仍然會思考當下的最佳處境，他們會以「絕佳機會來了」、「這件事很有意思」等**樂觀基準**來解讀。

■型態⑩ 下判斷時的心理狀態 ○實際體驗型 ×分離體驗型

當你決定著手去做某件事，在下判斷前，如果你是以理論或邏輯性的分離體驗型思維，例如想要依循前例或證據佐證，大腦並不會認為這是下定決心的信號。相對的，即使沒有前例可循或證據支持，以**實際體驗型**來下判斷，表現出的語言或行為是基於生存目的與自我價值觀，大腦仍然會判斷開始行動。

■型態⑪　行動的決定前提　○欲求型　×義務型

當你要把想法轉換為行動時，如果腦中浮現的是「做吧」、「想做」等台詞，因為心中的**欲求**而產生行動，事情就能順利完成。如果腦中浮現的是「不做不行」等台詞，義務型的心態會引起大腦痛苦系統作用，導致事情可能更容易不如預期，難以成功。

■型態⑫　自我認知　○絕對的自我　×限制的自我

經常心想事成的人，不會因為有不健康身體、或是打算做某件事卻無法順利，而因此覺得自己很無能。他們能以**絕對的自我**過生活，思維傾向「我原本就有自己的價值，我這樣就很好」、「只是偶爾做的事情不太順利」。

■型態⑬　目標投入程度　◯結果行動型　×結果期待型

只要抱著「萬事俱全再採取行動」的思維，永遠等不到萬事俱全的時刻來臨。成功的人，都是為了讓條件齊備而行動的**結果行動型**。

■型態⑭　人生的根本欲求　◯目的欲求　×生存欲求

當你行動的原動力是為了能活下來，或是確保安心安全的無虞環境時，會先浮現負面情景的對比想像，以致於大腦實現的是你的負面想像。成功的人是為了實現生存目的，為了活出真正的自己，因此人生以自我實現的**目的欲求**而行動，才獲得成功。

		○	✕
型態①	主體性	主體行動型	反映分析型
型態②	動機方向	目的導向型	問題迴避型
型態③	愉悅的判斷基準	自我基準	他人基準
型態④	思考方向	未來基準	過去基準
型態⑤	動機的選擇理由	選項型	程序型
型態⑥	重視的行動價值	做事型	做人型
型態⑦	目的焦點	目的基準	體驗基準
型態⑧	實際責任者是誰	自我究責型	歸咎他人型
型態⑨	理解事物的方式	樂觀基準	悲觀基準
型態⑩	下判斷時的心理狀態	實際體驗型	分離體驗型
型態⑪	行動的決定前提	欲求型	義務型
型態⑫	自我認知	絕對的自我	限制的自我
型態⑬	目標投入程度	結果行動型	結果期待型
型態⑭	人生的根本欲求	目的欲求	生存欲求

圖 11　心想事成者的十四種成功腦型態

04

貧困腦和致富腦的差異

我在二十七歲的時候獨立創業。因為想都沒想就決定去做了，當時存摺裡只有兩千三百四十八日圓。

為了能糊口謀生，我一邊做著領日薪的工作，晚上努力學習，參加一個由一群創業家組成的聯合社團，直接向經營者的實戰經驗心得取經，汲取經營相關的知識。因此我認識了五個成功的創業者，他們都在五年間成功從低所得者變成億萬富翁。過程中，我試圖努力從他們身上尋找要具備什麼樣的人格特質，才能展現這樣的成果。

模仿的結果，使我終於成功加入他們的行列，成為其中一人。

■心想事成者懂得充分利用大腦功能

我從事經營顧問與心智教練的工作將近三十年，接觸了大約四萬八千人後，我明白了一件事——**經常「心想事成者」和「事與願違者」，他們讓大腦產生的作用正好相反。生活總能事事亨通的人，擅長運用大腦的功能，隨心所欲實踐夢想。**

也可以說，這是貧困腦和致富腦的某種後設程式差異。

05

致富腦會徹底釐清「拒絕清單」

「貧富差距不是來自經濟狀況的差異，而是來自語言技巧的差異。」

——大衛・霍金斯（David R. Hawkins）

如果對不愉快的記憶置之不理，不好的信念，也就是奠基於恐懼的信念就會因此而生。

大腦偏好把恐懼的情感變得真實，且力量遠超過喜悅的情感。**恐懼就是具有這麼強大的力量**。

然而，越是普通人，越容易被這類不愉快的記憶掌控，時常因為恐懼而使事情發展更加惡化。

那麼，我們該如何處理這類不愉快的記憶呢？

追求「安心．安全」卻換來「痛苦記憶」的矛盾

我在前面說明過，因為有「左」，所以才有「右」的概念；因為有「上」，才有「下」的概念。在大腦中所謂的概念，是以對比的方式存在。

一般人都是追求活下來，期望過著安心也安全的人生。

然而，**追求「活下來，過得安心、安全」時，大腦首先浮現的是痛苦的對比記憶，接著加以保存、強化痛苦的記憶**。然後，為了保存痛苦的記憶，進一步製造痛苦的事情，因而發生貧困、事業挫敗、事故或疾病。

結果，為了讓「痛苦的記憶」持續存在，便與追求「活下來，過得安心、安全」這個目標，成為相互依存的關係。

然而，無論是痛苦的記憶，或是因而產生的信念，雖然對於外在的現實發展具有強勁的影響力，卻也能輕易從內在加以改變。

反向操作，善用不愉快記憶的方法

因此，那些億萬富翁所使用的方法，就是善加利用痛苦的記憶或是不愉快的記憶。也就是我之前說明的「大腦會逆向運作」的特性。

大腦具有偏好無壓力的二分法特質，傾向藉由對比來建立概念。因此，我們乾脆反向操作，預先準備好那些痛苦、不愉快的記憶，讓這些記憶清楚呈現在意識中。

比方說，當清楚自覺到你的目標是**「我拒絕和只會說『讓我賺錢』的客戶一起工作」**，這時候，大腦的思維運作就會是「一定要找出那些不會只空喊『讓我賺錢』的優質客戶」。

致富腦的人，會整理好這些痛苦的記憶、不愉快的記憶。

簡單來說，就是列出**「拒絕清單」**。

換句話說，製作屬於自己的一套規則，想避免哪些事、不做哪些事。

有一次，某位有錢人讓我看他的筆記，他的「拒絕清單」年年增加，寫得密密麻麻。

對於學過後設程式的人而言，或許會納悶「拒絕清單」和問題迴避型有什麼不同，所以我在這裡統一回答。

概念是因為對比而存在。

也就是說，因為有想迴避的事物，就會突顯出渴望的事物。

這時重要的是，徹底掌握自己的基準。

肯定的確認想迴避的事物，明確習得哪些是無法順利進展的事情，以自己的基準決斷「拒絕去做」，因為其中沒有伴隨恐懼的情緒，以自我為軸心的容器就能擴大。

願望不會派上用場。反而是確認想迴避的事、不想做的事，妥善利用負面的事物，這才是致富腦的運作方法。

06

想晉階高收入組，就徹底以自我基準來思考

■未來收入在童年時期就決定了？

一九八〇年代以後，先進國家的貧富所得差距拉大，日本也走向相同的處境。

美國社會也面臨一樣的問題，因此白宮下了指示：「找出貧富差距嚴重的因素，阻止這個情況加劇。」調查機關調查後的結果發現：「**貧富差距和童年時父母的教養態度不同有關**」。

比方說，小孩子向父母央求「買遊樂器給我！」這類常見的狀況。

未來收入低的孩子，因為母親習慣情緒化的斥責孩子：**「你不是已經有遊樂器了嗎？不要再打電動了，好好唸書！」**結果，小孩就逐漸變成以母親

的基準來思考，也就是他人基準。

相對的，未來收入高的小孩，他們的母親遇到同樣情境，則傾向理性詢問孩子：**「為什麼你會需要這個遊樂器呢？可以告訴我原因嗎？」**

由於小孩會不斷學習，當他們提出要求時，應該詢問他們理由，這可以訓練他們的表達與交涉能力，**同時也能讓他們清楚了解自己的基準，思考為什麼自己想要這個東西。像這樣，在成長過程中持續以自我基準來判斷的訓練，將提高孩子未來成為高所得者的機率。**

「自我基準」的教育，造就了臉書創辦人

提到高所得者，不免一提臉書CEO馬克・祖克柏（Mark Zuckerberg），其總資產將近八百億美元，根據美國商業雜誌《富比士》公布的全球富豪榜，祖克柏名列前茅。

祖克柏可以說正是以自我基準被撫育長大的好範本。

在某部專門調查天才神童成長經歷的電視特集中，祖克柏的父親說了這樣一段往事。

祖克柏童年的時候，對他父親說：「爸爸，買這個遊樂器給我！」

「我知道了。不過，可以告訴我為什麼你需要買這個遊樂器嗎？」

「我朋友史蒂夫和喬治都有這個遊樂器。」小祖克柏這麼回答。

「不，這可不行。這樣的話，我不能買給你。」

後來祖克柏上了高中，某天他在家觀看奧運轉播，觀看劍擊比賽轉播的祖克柏，對劍擊相當感興趣，他對父親表示：「爸爸，我想學劍擊。」

「為什麼想學劍擊呢？」

「因為我想變得更強！」

於是，隔天他的父親買了一整套的劍擊用具，然後對祖克柏說：「拿去用吧！」

據他的父親說明，**「因為大家都這麼做，或是大家都有，因這種理由而提出的要求，我一概拒絕。相對的，如果孩子說自己想這麼做，我全部都會買給他。」**

換句話說，孩子以他者基準而要求的東西全部否決，只有出於自我基準要求的事物才答應，他這個兒子最後創設了臉書。

關於祖克柏，還有件特別的事。雖然祖克柏很富有，服裝造型始終是簡單的T恤和牛仔褲，據說他擁有七套一模一樣的服裝，每天都是相同打扮。連穿著也是基於自我基準。

CHAPTER

4

隨心所欲控制潛意識的超厲害方法

01 創作「金錢可以任由自己控制」的前提

■每次付錢都低語著人生目標的創業家

我認識一位朋友，他和我同時期在二十七歲獨立創業，後來甚至經營規模大到成為上市公司。

三、四年前，某次因為要和他一起工作，我們約在咖啡廳見面。我們在收銀機前各自結帳時，他彷彿在喃喃自語著什麼。由於我相當好奇事事順利的人屬於哪一種型態，因此特別留意他的行為舉止。

所以我問他：「你剛剛喃喃地說了什麼？」他笑著說：「如果沒有這一招，大概就沒有今天的我吧。」

實情是這樣的。

「咖啡的費用是五百日圓，我小聲對自己說著：『我有一個〇〇的生存目的，而今年有〇〇的數字目標。為了達成目標，所以我現在要付這杯咖啡的費用。』」

我聽了以後靈機一動。

「你從什麼時候開始這麼做？」

「高中就開始了。」

我不由得嘆了口氣。真是羞愧，同樣的時期獨立創業，人家已經讓公司股票上市，而我卻……原來差距在這裡嗎？超過二十年的時間，都持續這個喃喃自語的習慣而有了今天的成就。

■駕馭金錢：改變大腦認知的手法

比方說，假設朋友拜託你，「我要去旅行幾天，能請你幫忙照顧家裡的小狗嗎？牠很乖的。」

你一口就答應了。但是那隻小狗非常調皮，整個家幾乎被牠鬧得快翻天了，讓你吃盡苦頭。但總算等到朋友回來，平安把小狗歸還給他。

若是朋友再次要求，「我又要去旅行，可以再麻煩你幫我照顧小狗嗎？」你還會答應嗎？想必多數人再也不敢答應了吧？

也就是說，任何人都厭惡無法控制的事情。

舉稅金的例子，相信讀者更容易了解。稅金及公共事業費用一律都要課徵，然而，**多數人都是心不甘情不願地繳這些費用**。**抱著這種心態持續繳錢，會發生什麼事呢**？

大腦的認知就會變成「錢不是自己能控制的東西」。

於是逐漸覺得，「錢不受控制地減少了，錢真是個麻煩的東西，還是離它遠一點好了」。

這就形同「小狗無法控制，既然這樣，希望小狗不要來」的想法，因而不去處理金錢。

成功讓公司上市的創業家朋友，早早就發現這個道理。

不是因為「非做不可」的義務感而做，所有的支出都是「為了自己的生存目的以及實踐目標」之欲求所需的策略，因此萌生「金錢是由自己控制，我可以自行駕馭」的前提。

如此一來，「又能繼續朝另一個目標前進」，大腦就會覺得有趣。即使咖啡費的支出和生存目的沒有直接關係，潛意識也會這麼詮釋。因為「金錢由自己控制」的前提，所以就能實現「當你想要錢，金錢就能送上門」的目標。

■把「付稅金很痛苦」的前提去除

我原本也很討厭繳稅，之前拚命苦思節稅對策，就是想要盡可能少繳一點稅金。

但是，得知那名成功友人的金錢使用前提後，我再也不做勉強節稅的事情了，並且還會在繳稅時對自己說：

「我為支持國家而付錢。」

結果，我支付的稅金變高，但營業額也跟著成長到高達三倍以上。偶爾因為文件不齊全而去國稅局時，被職員追問：

「你最近到底做了什麼？」

「沒特別做什麼，都和之前一樣啊！」

「營業額不是突然上升了嗎？明年結算時我會再調查一次。」

因為營利突然成長過快，反而引起國稅局的懷疑，預先提醒我要進一步調查。

支出，尤其稅金、公共費用，都是提供社會與居民生活的公共服務基礎設施所需，但人們很難認知到這對自己是正面的事情，因而容易使大腦的痛苦系統產生作用。

但是，利用「我為支持國家而付錢」的語句，為痛苦系統重新賦予意

義，改變成「不執行節稅對策」的行為，結果便截然不同。

這讓我再次深深感受到，果然後設無意識具有厲害作用。

02

讓大腦有效掌握願望的六個步驟

如果前提不符合自己想變成的模樣，只要打破前提，並重新建立即可。

這時候，語言能夠發揮很大的力量。

「這個我已經充分了解。但是，我不清楚自己想變成什麼樣子。」

這樣的人或許不在少數。

為了讓人生進展更順利，不確認目標就無法前進。因此，我想介紹給讀者，讓大腦掌握心中願望的六個步驟。

■步驟❶ 列出想迴避的事項

首先，從條列出棘手的問題迴避開始。

列出你想迴避的事項、不願發生的狀況。

比方說，「不想變得貧窮」、「不想生病」等狀況。

這就是入口。

■步驟❷ 建立與步驟❶相反的目標

接著問問自己，希望有什麼樣的轉變？

這個問題是前一個問題的反面。

不想變得貧窮→「想發大財」；不想生病→「想要健康」。

答案很單純。

這裡的問題是：建立「想發大財」的目標，確實想像有錢的情況與沒錢

的情況。如果「希望有自信」時，那就反過來想一想，作為前提的「沒有自信」狀態。先想像「沒錢」、「沒自信」的狀況，對大腦而言，也是應實現的目標。

像這樣有兩個截然相反的目標，稱為**「雙重束縛」**（Double bind），或是稱為**「雙束」**。

如果一直處在這種狀態，大腦並無法判斷該實現哪一個目標，因而造成問題。

但是，步驟❷是為了讓步驟❸❹更順利，故意進入雙重束縛的重要過程，所以千萬不要在這裡結束，要繼續往下一個步驟邁進。

■步驟❸ 找到典範

要從進退兩難的雙重束縛狀態脫身，需要具體的目標——「究竟我希望變成什麼樣子？」在這個步驟，請先列出能作為你的典範的人。

多數情況下，很多人可能找不到自己的典範人物。沒有一個景仰的對象，是因為資本主義下，放棄自我價值觀的緣故，所以有必要先找回自我價值觀及感覺。

找到仰慕的對象，深入挖掘你仰慕這個人什麼部分？為什麼想成為這樣的人？整頓後設無意識的形狀。

請你透過書店、圖書館、電視、網路搜尋、與人交流對話等，搜尋調查各式各樣的人。

首先，你喜愛的同性藝人或名人是誰？

這個答案能夠顯露出，你希望成為一個什麼樣的男性或女性。

其次，如果不論性別，你尊敬的人是誰？

經營者、政治家、文人、運動選手、親近的人，任何人都沒關係。

更進一步問問自己：那個人有什麼地方令你尊敬？

隨著「這個想法很吸引我」、「他這樣的舉止很有魅力」等答案出現，

而使你有這樣的想法：「真正的我會是這樣的人」、「這才是我真正想要的樣貌」。換言之，這就是此刻你尚未彰顯出來的真正自我。

思考未來想做什麼時，或許無法立刻有想法浮上腦海，但只要一舉例就能接二連三的往下聯想，這就是大腦的特徵。因此，希望你能先去發掘那些能成為你的典範的人。

步驟❹ 以步驟❸為基礎，讓自己更具體置換成典範人物

想像一下：你所仰慕的典範人物之特質、行為、思考，如果你實際上有那樣的表現，會是什麼感覺？就像穿上典範人物的人偶裝，把自我形象與典範形象重疊。

「就算這麼說，這種事怎麼可能做得到？」當這類的想法牽絆住你時，不妨依照我在第三章說明的改變後設程式方向，改寫記憶，讓思維調整為「或許我做得到」、「我想試試看」。

接下來，更進一步仔細想像，如果依照典範人物的特質採取行動，十年後、二十年後會有什麼樣的成果？例如，辦公室可能是什麼樣的格局？交往的朋友、家人會是什麼樣子？你生活在什麼樣的環境？你的行為舉止會是什麼模樣？你將具備什麼樣的能力、信念、價值觀？對自己有什麼樣的想法或期許？對社會有什麼樣的影響力？你將看到什麼？聽到什麼？感覺到什麼？盡量讓你的想像無限擴展。

這就是「回想」你的未來記憶。

步驟❺ 運用「更加」、「進而」等詞彙，擴展目標的呈現

運用「更加」、「進而」等詞彙，改變目標的呈現方式。

例如，「要是有這麼多客戶，營業額大概會變成這個數字」的語句，前提就會是「現在並非這個狀況」；「想變得健康」，前提就會是「現在並不健康」。

由於大腦會實現目標的「前提」，所以會把「現在並非這個狀況」的狀態轉化為真。因此，把語句改成**「我本來就很健康，我要變得更加健康」**，前提就會從「現在很健康」起步。這個方式同樣可以運用在事業或人際關係，藉由「更加」、「進而」等詞彙來擴展你的目標。

像這樣發展你希望實現的目標，就能形塑良好的形狀。

■步驟❻ 行為表現得像是已經達成目標

大腦會看著身體的言行舉止而形成信念。

因此，請你擬出理想典範人物所要做的行為日程表。

把日程表以數分鐘為單位切割，想像在某個人面前就要這麼做……擬出各種情境想法，如果自己變成典範人物的模樣會怎麼做。完成後，接下來只需要照表操課就好了。為了做到這點，所以步驟⑤的想像要具體而詳細。

行為次數越多，大腦看到這些作為，就越容易堅信「我就是這樣的

人」、**「我以往的想法錯了，我要換個思維」**。

然後大腦就會對身體的其他部位下指示：「因為我是這樣的人，大家也要互相幫忙唷！」基因就會改寫入「我比較適合這個模樣」的訊息，並留下此基因。

步驟❶ 列出想迴避的事項
例：「不想變得貧窮」、「不想生病」

↓

步驟❷ 建立與步驟❶相反的目標
「不想變得貧窮」→「想發大財」
「不想生病」→「想要健康」

↓

步驟❸ 找到典範
你喜愛的同性藝人或名人是誰？
如果不論性別，你尊敬的人是誰？
那個人有什麼地方令你尊敬？

↓

步驟❹ 以步驟❸為基礎，讓自己更具體置換成典範人物

↓

步驟❺ 運用「更加」、「進而」等詞彙，擴展目標的呈現

↓

步驟❻ 行為表現得像是已經達成目標

圖 12　讓大腦有效掌握願望的六個步驟

03

如果讓意識方向一致，就能產生意想不到的爆發力

人們企圖完成某件事的時候，不同的意識會互相合作去達成目的。

舉例來說，當開車要前往某個目的地時，以下各種意識會相互合作，做出「開車」的行為，完成「到達目的地」的終點目標。

①朝行進方向的意識
②透過後視鏡確認後方的意識
③確認車外左右側的意識
④踩下油門的意識
⑤踩下剎車的意識

⑥（副駕駛座有人時）和他人交談的意識

⑦（播放音樂時）聆聽音樂的意識

⑧邊開車邊思考某些事的意識

但是，如果這些意識沒有彼此合作，而是各自為政時，又會變成什麼狀況？

例如，透過後視鏡確認後方的意識認為「總是盯著後面好討厭，今天想要看前面！」，或是踩剎車的意識認為「平時都沒有安慰我，我心情很不好，我今天都不要踩剎車！」等等。某個意識認為「我要去東邊」，其他意識卻出現「我想去西邊」的情況，當各個意識的意向或目的無法同心協力，而各自為政時，別提要往前進，甚至很可能發生危險事故。

一般人之所以無法取得出色的優異成就，理由與前述相似，形成人格的各意識層面之間方向不一、分崩離析的關係。相反的，若是能有效整合後設無意識，統一意識的方向，讓各個意識都能同心協力，又會怎麼樣呢？

因各意識結合而形成強大的爆發力，很有可能成就出人意料的優秀成果。那麼，為了在那些要達成的事項發揮強勁的爆發力，要如何統一各個不同的意識，使其行動方向一致、同心協力合作呢？

■「自我意象」定義你的存在

次頁圖13的**思維邏輯層次**（Neuro-logical Level）是ＮＬＰ的一個概念。這是理解「我是個什麼樣的人？」之「自我意象」結構，也可以說是驅動人類的人格結構模式。

我們若把各式各樣的後設無意識型態作為橫軸，把思維邏輯層次作為縱軸。「我是個什麼樣的人？」之自我意象（人格）形成的意識，就能整理成一致的方向。

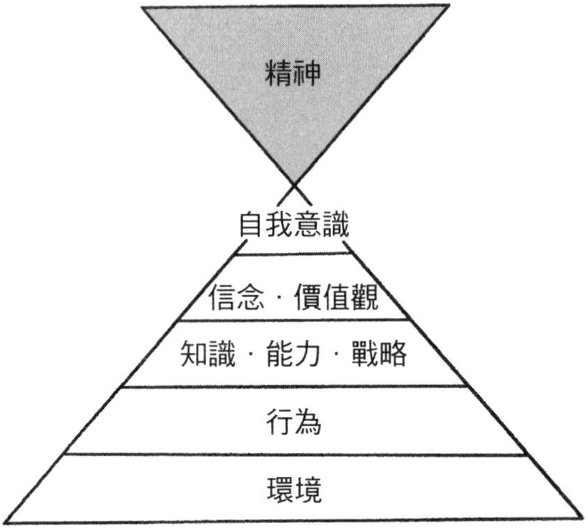

圖13　思維邏輯層次

◎精神層次

我希望為超越自己的存在（土地、社會、世界等），帶來什麼樣的價值呢？與大自然、宇宙的連結，有如龐大系統其中一部分的感覺層次。

◎自我意識層次

為了對超越自我的存在，帶來預想中的價值，我是什麼樣的定位、身分呢？我要如何去認識我自己才有效果？這個層次屬於意識到自己是誰、個人的存在理由、使命。也就是要以什麼的身分實現人生的意義。

◎信念・價值觀層次

為了配合上述想像中存在的自己，要重視什麼樣的想法、前提、信念才有效果？信念與價值觀的存在，也是為了解答：「為什麼達成這個目標很重要？」

◎知識・能力・戰略層次

為了在重視這些想法、前提、信念的情況下，同時達成這個目標，需要什麼樣的知識、能力、才能、技術與戰略？

◎行為層次

為了達成目標，具體來說，要在什麼樣的情況、展開什麼樣的行動、表現怎麼樣的言行？

◎環境層次

為了達成目標，應該置身在什麼樣的環境？如何解釋、認識自己所處的環境？又該建立什麼樣的人際關係呢？

■為了加速達成目標，駕馭自我意象

比方說，在精神層次精神中，若是不清楚自己想要為社會、世界，帶來什麼樣的價值，在自我意識層次認識到的就會是「我毫無價值」、「我沒有能力」，導致形成以下的無意識過程。

①在信念、價值觀層次中，因而創造出前提：「因為我是個毫無價值、沒有能力的人，我絕不能展現出色的成果。為了不要展現任何成果，還是以不變應萬變好了。反正世上的事多半都無法如願以償，什麼都不做比較安全」。

←

②於是思考對策——「我絕不能展現出色的成果。為了不要展現任何成果，就必須學會根本派不上用場的知識才行，假裝出努力的樣子得過且過就好」。

←

③總之，做一些不會有結果的無謂行動，然後說著「就算努力也沒辦法順利呢」的話，表現出不中用的自己。

←

④開始製造出讓自己變成廢柴的環境和人際關係，**「因為我是毫無價值又沒有能力的人，我一定要找願意雇用我這種人的黑心企業」**、**「因為我是毫無價值又沒有能力的人，我一定要找願意和我交往的渣男」**。在無意識中，設法讓自己置身在被評斷**「這傢伙工作能力真差」**、**「這個人真無能」**的人際關係或環境中。

就像這樣，**被設定了背景的後設無意識，以及設定思考模式的邏輯層次，會在你毫無自覺的情況下，完美地實現你的想像。**

於是，這就和表層顯意識的渴望產生嚴重的矛盾，例如：「做很棒的工作，拿出良好的成果」、「和很有魅力的人交往」等，以致發生「你總覺得事情進行得不太順利」的想法與窘境。

所以，你再次試圖鼓起幹勁，告訴自己：「我一定要相信，絕對可以順利！」「是我努力不夠！」

但你不覺得這樣很沒效率嗎？

若想讓人生走起來更順利，不妨把思維邏輯層次的各個層級，有效地和後設無意識搭配，將思維邏輯層次的方向整飭一致，才是最有效的捷徑。

■統一思維邏輯層次的實例

◎精神層次

目的是讓世界上的人們察覺「人可以變得自由」。

←

◎自我意識層次

我除了體現「人是自由的」，同時也是一個能讓我身邊其他人察覺「人可以變得自由」的存在。

←

◎信念・價值觀層次

生活周遭的現實，是我自己的意識投射而創建形成，只會發生必要的事物。而關於如何去解釋現實，我是擁有這個自由的。

←

◎知識・能力・戰略層次

一天找出十件讓自己感受到「果然，人是自由的」事情。然後把生活周遭發生的現實情況，全部以「自我究責型」、「未來基準」來分析，每天檢視自己的後設無意識，自由地隨心所願整飭成有效的思考「形狀」。

←

◎行為層次

每天和身邊的人聊一聊，或透過社群網站分享生活進展——自從以「自我究責型」與「未來基準」分析每天眼前所見後，我所感受到的小故事、生活周遭發生的現實，如何應證了「果然，人是自由的」，並分享過程的樂趣與效果。

←

◎環境層次

有許多想取回個人自由的客戶，接二連三來找我諮商，和我的生存方式有共鳴的人持續增加，社群網站的口耳相傳效應不斷擴大。

就像這樣，搭配第三章說明的「心想事成者的十四種成功腦型態」，形成符合自我目標的後設無意識型態。

上一節解說的「讓大腦有效掌握願望的六個步驟」，與思維邏輯層次整合也很有效果，建議你不妨合併試試看。

NASA雷射光可以到達月球的原因

人類或物質都是由分子組成，分子則是由原子組成。

而原子的結構，又是由原子核及電子形成的量子構成。所謂電流，是那些掙脫原子核束縛的自由電子活動，自由電子移動而發生電流。

歌舞伎町、澀谷、紐約都是夜晚燈景華麗眩目的城市。耗電量動輒高達幾百萬瓦特。**在紐約夜晚有如白晝般明亮的霓紅燈，從月球上眺望仍不見一絲亮光。即使已消耗幾百萬瓦，光線還是無法到達月球。**

據說NASA有機器能測量從月球到地球的距離。從地球朝向在月球表面設置的鏡子發射出雷射光，藉由計算雷射光返回的時間，能以十公分單位，測量出地球和月球之間的距離。

換句話說，像曼哈頓、歌舞伎町這些大城市的燈光雖然無法到達月球，但雷射光可以到達月球。

你知道雷射光有幾瓦嗎？

相較於大都市幾百萬瓦的燈光，NASA的雷射光只有十五瓦，比日光燈管還低。

那麼，究竟是發生了什麼事呢？

像日光燈、霓紅燈等市區的光亮，由於電子前進方向各自分散，所以無法前進；然而，雷射光的電子則是全部朝同一方向，所以能發揮超強的光。

就像日本戰國時代的大名毛利元就的三支箭故事般，一支箭能被輕易折斷，三支箭就會變得相當強固。電子也是一樣，如果方向不同，即使明亮也無法匯集形成強光，但方向集中一致甚至能到達月球。

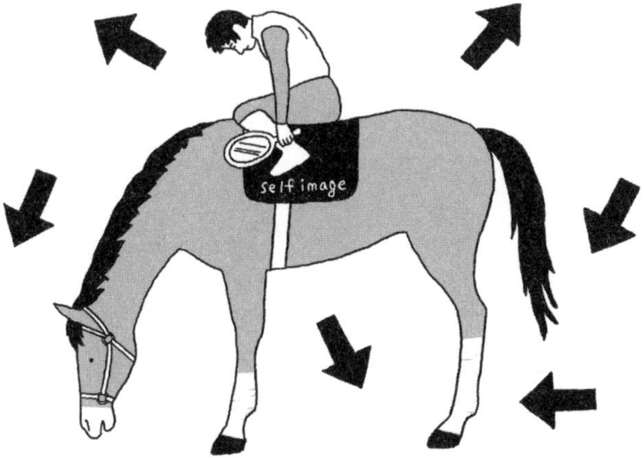

思維邏輯層次的方向分散，無法展現馬力的狀態。

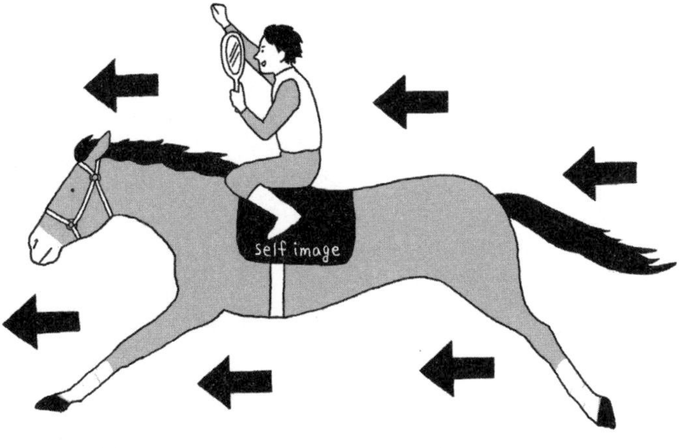

思維邏輯層次的方向一致，發揮驚人的馬力。

圖 14　如果讓思維邏輯層次統一……

同理，即使是同樣的自我意象，只要能統一自己的環境層次、行為層次、能力層次、信念·價值觀層次、自我意識層次、精神層次，集中朝同一方向，不論多麼微小的力量，相信都能如同雷射光一般，發揮驚人的馬力（爆發力）。

04

錯誤「信念」形成的過程

日本大學曾進行這樣的實驗。

集合十個人，每五個人分為一組。

給第一組的指示是：**「舉出五個覺得自己很棒的地方」**。學生雖然困惑，卻在一、兩分鐘內，列出五個「我這個地方很棒」的特質。

接著問他們：「你們認為自己是什麼樣的人？」學生的回答大致是**「覺得自己是個還不錯的人」**等正面的自我意象。

相對之下，第二組則是被要求：**「舉出三十個覺得自己很棒的地方」**。結果，學生只能舉出幾項個人優點，無法一口氣列舉出三十個。之後同樣詢問他們：「你們認為自己是什麼樣的人？」結果學生的回答大致是**「覺得自**

己很沒用、是個飯桶」等負面的自我意象。

對於「立刻能想到的事項」，大腦會判斷這是正確的

該大學似乎並未發現這個實驗真正的價值，我卻看見這個實驗證明了某件重要的事項。

那就是「信念」形成的過程。

第一組人被要求在一、兩分鐘內列出自己的優點。如果只要舉出五個優點，很輕鬆就能想出來。但第二組人卻無法立刻想出三十個優點。

大腦會判斷「立刻就能想出來的事情」是正確的。相反的，對於無法立刻想出來的事情，大腦則會判斷是錯誤的。結果就改變了自我意象。

也就是說，信念的形成與內容無關，而是想起來的速度。

關鍵在於，你是否能迅速地想起來。

因此，我認為在適當的目的之下，應有大量刻意的作為，而且這些言行

舉止必須是合適的後設無意識型態組合。有了大量的語言與行動，我們就會認為自己是這樣的人，所以採取這樣的行為。若是昨天及前天都有採取的行動，我們很快就能回想起來，有助於自我意象的信念扎根——「我是能有效採取後設無意識行動的人」。因此，需要採取頻繁的刻意作為。

重新回顧大量行為（或語言）時，就能和後設無意識結合。

對於那些在事業發生困境或生病的人，我所要求他們協助的事項，就是回顧自身一整天的行為，例如：「今天做了什麼？」，以及「基於什麼意圖而採取這些行動？」以業務員來說，就像寫工作日誌。

列出個人言行舉止的意圖後，就能發現多數屬於問題迴避，想證明自己的正確性之型態。這時，再針對型態調整其中偏差。

再次確認過去使用的後設無意識型態，加以調整為有效的型態組合，例如，「問題迴避型→目的導向型」、「程序型→選項型」、「他人基準→自我基準」等，以便在下一次的機會來臨時，採取正確型態的行動。

05

負面思考策略：把一切變成「預料之內」

當外界發生「未知的事」、「危險的事」、「意外事故」等預料之外的事，大腦負責保存、管理記憶，也是管理壓力的海馬迴（hippocampus）會分泌皮質醇（cortisol），俗稱壓力荷爾蒙。

接著，因外部事件的刺激，大腦的海馬迴會開始從記憶中搜尋「有沒有辦法應對這些未知、危險或意外事故的方法」。

這時，處理痛苦資訊的大腦神經網路「痛苦系統」發生作用，讓感覺壓力的荷爾蒙物質在體內分泌，使身體進入「危機迴避模式」。

這個狀態就是所謂「有壓力」。

當海馬迴找到的應對方法，大腦判斷「這麼做可以過關！」，危機迴避模式減緩，痛苦系統也會停止作用。

■調整海馬迴，就能阻止負面迴圈

但是，當你找不到應對方法，大腦就會判斷「這個過不了關」，然而一旦大腦再次覺察到危機，就會陷入以下的迴圈：

持續分泌更多皮質醇

↓

大腦的海馬迴持續萎靡不振

↓

新的記憶難以更新

↓

大腦痛苦系統持續作用

↓

體內持續分泌感受壓力的荷爾蒙

↓

身體持續進入「危機迴避模式」

如果長期持續這個狀態，不但工作無法順利，連帶人際關係不佳、不斷生病等負面狀況也會接踵而來。

那麼，我們要如何阻止這樣的負面迴圈呢？

首先，在還有餘裕時，先預測「要是發生這種狀況，就這麼應對吧」，藉此學習如何掌握不希望發生的事情，重新審視後設無意識型態的組合，讓海馬迴有學習的機會。

先調整好海馬迴的狀態，這麼一來，即使海馬迴分泌皮質醇，海馬迴也不至於因此萎靡不振，海馬迴細胞得以開始活化。

也就是說，要讓大腦程式進行新陳代謝，才有效果。

我把這個做法稱為**「負面思考策略」**。

美國總統川普，同時也是不動產大亨。他曾這麼說，

「當我投資不動產時，我會先列出要是投資失敗了，會有什麼樣的損失、商譽受損等，徹底確認各種可能的風險。然後再徹底思考因應策略，要以哪一項利潤填補金錢損失、如何應對商譽損失等。如果評估損益無法抵消，就不投資，這是我的原則。」

雖然他也歷經很多失敗，但最終仍成為不動產大亨。

川普的投資原則，無疑就是**「面對負面價值（或風險），以運用取代迴避」**的負面思考策略。

■「活力門」也在實踐的負面思考策略

我認為，日本活力門（Livedoor）的前社長堀江貴文，也曾使用這個策略。堀江貴文在違反證交法而遭逮捕前，常對採訪群表示：「因為在我預期之內。」也就是說，他已經徹底想像過「或許會發生這樣的事情吧」的一切狀況。因此，即使他被逮捕坐牢，或是出獄回歸社會，仍然能不畏挫折地勇往直前。

除了使用有效的後設無意識型態結構，事前擬定好負面思考策略，先習慣這樣的模式，有助於提高正面思維，不再反覆陷入失敗、負面的泥沼。不論對事業或健康都相當重要。

06

小心！潛意識會走捷徑實現你的想法

■想法太過輕易實現的結果……

在拿破崙．希爾（Napoleon Hill）《思考致富》（*Think and Grow Rich*）的想法風行時期，坊間舉辦了許多研習活動。

其中一個參加者，只是單純地想像整疊整疊的鈔票。後來他發生交通事故，獲得保險理賠，現金入袋的想法實現了。

另外一個參加者，則是把堆疊的現金照片設定成電腦待機畫面。我問他：「這麼做不是很危險嗎？」對方回答我：「這是研習時他們教我的。」

結果發生什麼事呢？

他住在外縣市的郊區，院子裡有家用焚化爐，用來燃燒枯葉、垃圾，結果家裡年幼的孩子跑到院子，一不留神，小孩抱住正在燃燒的焚化爐，孩子嚴重燒傷，因而獲得一大筆理賠金。

說起來十分駭人聽聞，卻真有其事。

■潛意識很單純，所以更需要謹慎

只要真心渴望，金錢確實就能到手。

但是，因為**潛意識很單純，所以會企圖抄捷徑，以快速的方式達成心願**。

如果只是想著「我要賺這麼多錢」，卻沒有給予方向，例如「要以這樣〇〇的工作，透過這種〇〇方式賺錢」，潛意識解讀的訊息就變成「要錢是嗎？那就拿吧」，往你不期盼的方向去獲得。其實很危險。

生病可以說是最常見的例子。

內心想的明明是「好想休息」，潛意識卻變成「想休息是嗎？那就得個感冒吧」，讓你的想法成真。

在我剛開始創業時，也是每天拼命想得到工作，結果收到超多訂單。其中也有不想做的工作。

結果發生在我身上的健康狀況是腎結石。痛起來實在很要命，然後是尿道結石、大腸長息肉，導致被迫住院。我只好向客戶逐一表示，「抱歉，因為這樣的狀況……」不得不推掉工作，或延長期限，以獲得休息。

客戶們聽到我住院，也不便譴責我。

不過我也因此發現，不但給對方添了麻煩，更失去了信用。

後來我改變想法，不是來者不拒的接工作，而是清楚訂立標準，「只接受符合自身生存目的的工作」、「不符合生存目的的工作就不接」，後來身體也痊癒了。

07 遵守和潛意識的約定

當工作繁忙時，很容易導致無法休息的狀況。儘管身心需要適度休息，但我們總會過度勉強鞭策自己──「現在不是休息的時候」、「不做不行」。

這時候，重要的是和潛意識商量，「現在是關鍵時刻，請協助我！等任務告一段落時，我會好好休息。」

如果不遵守約定，真的會發生嚴重後果。

比方說，突然閃到腰之類的狀況。潛意識是只要你提出請求，它就會為你採取行動。因此，要是你沒遵守約定，潛意識就會有所反應，「大概是忘了說要休息吧？既然這樣，不傳達簡單明白的訊息不行。那就讓你不能動好了。」強制要你休息。

不遵守和潛意識的約定是很危險的。

■破壞約定，潛意識會直接照單全收

如果破壞約定後，潛意識只是表現在身體狀況，那還算單純。

一旦持續破壞約定，意識的指示系統將會手忙腳亂。

例如，父親和小孩約定：「如果下次考試滿分，我就帶你去那個你很想玩的主題公園！」，孩子因此很努力地考了滿分。

但父親卻說：「抱歉，最近很忙。」沒有帶小孩去主題公園。

接著父親又跟小孩約定：「下次考試滿分，我就買你想要的遊樂器給你。」孩子又努力讀書考了滿分。但父親卻表示：「對不起，我的零用錢用完了。」再次沒有履行承諾買遊樂器給孩子。

當下次父親又說「下次考試滿分的話……」，小孩學習到「反正都是騙

人的，考滿分反而無法實現願望。」

潛意識會很單純肯定地接受一切。一旦持續破壞和潛意識的約定，潛意識就會詮釋為「說好要做的事情，我盡可能協助不要去做對吧」，因此即使設立目標，也會踩住剎車，「說好要做的事，絕不能做！」關鍵時刻也不會聽你的。

應當要持續遵守和潛意識的小小約定。

決定要做的事就好好去做，潛意識就會回應你，「我一定要給予協助」。日積月累的結果，潛意識就能成為你強大的夥伴。

潛意識君

圖 15　不可以破壞和潛意識的約定

08

重寫記憶

朝日電視台有個節目叫做《那傢伙現在在幹什麼？》。

主題是藝人看了學生時代的畢業相簿，回憶往事說出一件「這個人當時做了這樣一件事」，然後節目的工作人員根據這個記憶，找到當事人確認「是否真有這樣一件事？」

然而，實際上集結了國中時期的同學，大家卻眾口一詞地表示，「沒這件事吧？」、「絕對沒這回事！」、「應該是他記錯了吧？」等狀況卻屢見不鮮。

這證明我們的記憶其實很不可靠，不是嗎？

■靈活運用大腦的特性，視需求扭轉記憶

不能說好也不能說壞，人們就是會受記憶擺布。當眼前出現一隻狗，被狗咬過的記憶甦醒，反應就會是「哇！是狗！好可怕！」；如果甦醒的是和狗狗一起玩耍的記憶，反應就會是「啊，是狗狗。真可愛。」

然而，大腦會視需要去扭轉記憶。

而且不論記憶是真是假，和大腦都沒有關係。

因此，當記憶不符所需時，不妨重新調整就好——「咦？等等，其實我記得應該是這樣吧？」

而且，就算是脫離現實的內容也沒關係。

對於遭到父母虐待的學員們，我在研習中常用的方法是，讓學員想像童年的自己變成身高三百公尺的大巨人。這麼一來，虐待自己的父母，站在變成巨人的自己腳邊，看起來就像正在拍打自己的腳趾。

「你有什麼感覺？」

「只覺得像在搔癢。」

「好，現在對他說『不要煩我』，用手指把父親拎起來，放到一邊去。」

我要求學員一邊想像一邊演出來，於是他們會說：「我有我想做的事，不要妨礙我！」生活開始有所改善，往自己的人生邁進。

即使以常理思考認為「太荒謬了」的設定也沒關係。

曾經有個人對我說：「我和上司關係很差，好想辭職」。一問之下，他說只要上司一發脾氣，自己完全不敢反駁，簡直就是水火不容。

「你以前也有過和別人處不來的狀況嗎？」

「三不五時會有這種狀況。」

「和別人處不來時，和什麼記憶有關呢？」

「這麼說來，小時候我曾經被霸凌。」

因為一直停留在「被霸凌」的記憶，所以才造成了傷害。因此我修改了他的這段記憶，當時他的正義夥伴是假面超人。

「那麼，由我扮演假面超人，我們重回當時的狀況。你在被霸凌的公園，把那些欺負你的小孩叫出來。我們來重現當時被霸凌的情境。」

我們想像的場景是：剛開始他雖然一樣被霸凌，但中途他變得力大無窮，而我則是以假面超人的角色出現，兩人共同反擊。

同時，後設無意識因此產生以下的結構變化：從老是被欺負的反映分析型，轉為主體行動型；從躲避討厭事項的問題迴避型，轉為「以這個目的反擊」的目的導向型；從「為什麼會發生這種事」的悲觀基準，轉變成「為何發生了這件事」的樂觀基準。透過這樣的結構故事，改寫記憶。實際上我請對方重複了三、四次扮演這個假想場景。

就以這樣的方法，去創造嶄新型態的後設無意識記憶。

結果發生什麼改變呢？

這個員工其實就在我擔任董事的公司上班，結果他成功地反駁了上司，而且也沒有辭職。

透過重現的演練，改變了現實生活的流程。

我們可以像這樣，不斷找出那些會扯後腿的記憶，重新改寫，然後只需要根據與現實的平衡來調整就可以了。

09

小心半吊子的心理療法

「重寫記憶」並不是什麼罕見的心理技巧。但是，如果沒有充分了解大腦的結構，貿然進行半吊子的心理療法，招來痛苦的結果也時有所聞。

■極端危險的「內在小孩治療法」

對於來參加研習的人，我都會先了解一下他們之前曾接受什麼樣的心靈療法或心理諮商，女性中較多人接受的是**「內在小孩治療法」**（Inner Child Therapy）。

因為我不太熟悉，所以詢問他們究竟是什麼樣的療法內容，舉例來說，似乎是讓想像自己內在尚未被妥善照顧的小孩出現，然後給予讚美、撫慰，重新教育，再讓內在小孩回去。

其中一位女性表示，她在家裡也嘗試呼喚出內在小孩，但是每當她試著這麼做，就覺得好想吐。我對她說：「這樣很危險，暫時先不要這麼做。」

這種療法不太妥當的一點，就是以內在「沒被妥善照顧的自己＝壞東西」的前提下進行，把前提視作壞事。

這是身體型的無意識型態，深信體內存在著沒被妥善照顧的自己。

也有人以類似的方法，接受所謂的前世療法，例如「我在這一世，一定要贖罪才行」。雖然不知道是誰對他灌輸這樣的想法，但他深信不疑。因為這樣的療法很容易模仿，所以很多人只是稍微學到皮毛就開始教授他人，或許就是形成這個泛濫狀況的遠因。

無視大腦單純結構的心理療法

據說在心靈諮商中，對於治療遭受性虐待或性侵害者，運用重寫記憶也是很普遍的療法。

其中有人被指導在想像之際，「隨便你想把加害者煮了，或燒死他都沒關係。」藉由對加害者施以點火燃燒或踐踏擊潰的想像，重新改寫記憶。

但是，我時常在研習會遇到被害者，他們因重寫記憶而有二次傷害。「你不舒服的原因就是這個啊，因為很危險，快點停止吧！」

大腦有單純的地方，當其想像著燃燒男性或擊垮男性時，就會形成「男性是會危害自己，令人厭惡的存在」前提。導致夫妻關係、戀人關係因此變得奇怪、出現隔閡。

對於這樣的性被害者，我的做法則是請他們把自己變成巨人，把腳邊幾乎小到看不清的加害者捏起來，說著「礙事，走開！」再拋到一邊，或者大喊「我有自己想做的事，我沒空理你」，讓受害者跨過心理障礙往前進。

今後，或許接受心靈治療者，也有必要學會有關無意識結構的正確知識。另外，懂得將大腦程式設定成有效的後設無意識，也是非常重要的。

10 致富腦祕訣：設定高效回報的價值標準

所謂價值標準，是不論對工作或家庭，重視自己是秉持什麼樣的抽象價值，而採取行動的後設無意識指標。

比方說，想知道自己在工作上是採取什麼樣的價值標準而行動時，寫下任何自己所想到的價值觀，如信用、利益、喜悅等等，大約寫出五到十個就夠了。

把這些價值觀寫在便利貼上，就會知道目前在你心中的排序。要調整價值標準，就重新排序或替換適合的價值。

人們會在價值標準順位高的事項上，花費時間和勞力。即使想要錢，但價值標準順位高的事項卻無法獲得金錢，就不會在賺錢的事項耗費精力，只

能消極等待錢進入口袋。

價值標準和積極努力的投入程度有關。想解決問題、想達成心願，若是價值標準不符合這些願望，就有必要調整。

成功者的價值標準，有特別的因果機制

因為我對創業者的價值標準很感興趣，所以常常向成功人士請教他們的價值標準。

我曾遇過某位創業者，他成功讓公司發展成上市公司。我心想，他的金錢優先順位一定很高，但一問之下，他的排序一是「信賴」，二是「貢獻」，三是「成長」。公司這麼賺錢，金錢卻沒有擺在重要的排序，也未免太不可思議。

一開始我雖然很疑惑。仔細請教過後，我終於了解了。

一切的價值觀之間都互相有關聯。

原因		結果
第一	信賴	忠誠客戶增加， 使營業額擴大。
第二	貢獻	受惠的人增加， 營業額上升。
第三	成長	帶來新商機的發現， 因而增加營業額。

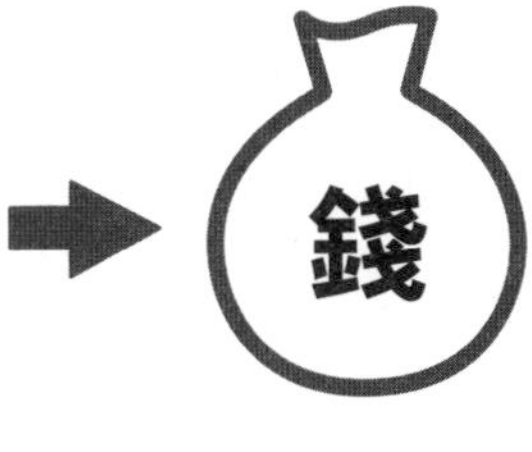

圖 16　成功者的價值標準與因果關係

信念是基於「因果關係」形成。比方說，就如同相信癌症（原因）導致死亡（結果），兩者之間的因果關係。

他為價值觀建立了如下的因果關係。

重視居第一位的「信賴」，忠誠客戶就會增加，能使營業額擴大；居第二位的「貢獻」，只要對社會有貢獻，因而受惠的人增加，使營業額上升。居第三位的「成長」，成長能帶來新商機的發現，因而增加營業額。

就像這樣，他**不論做什麼，都建立了能夠歸結到營業額（錢）的因果關係。**

聽了以後，我恍然大悟：「這種做法，難怪財源滾滾而來！」

11 改為「自信、感覺都操之在己」的前提

把「總覺得……」數據化的方法

無論工作或其他事情，我認為並不是非有自信不可。**希望有自信，事後再建立也沒關係**。

比方說，**其實要控制「確信程度」是有方法的**。

以工作來說，首先問自己：「今天商談順利的機率大約有多少百分比？」這時可能會得到一個籠統的數字，「大概三〇％」或「大概七〇％吧」。

這時候，再進一步確認數字的根據，「為什麼是三〇％呢？」、「為什麼是七〇％呢？」進一步探究的話，應該就會得到某些理由，接著要掌握住

這些理由。

然後，如果確信程度是七〇%的時候，就像調整電腦亮度，把確信程度故意降到三〇%左右。

這麼一來，你會有什麼感覺呢？

「總覺得今天工作不會太順利。那麼，就把順利的感覺提高到九〇%好了。這麼一來，有什麼感覺呢？應該就會覺得可以普通、平順地度過吧？」

就像這樣，設定成完全適合自己的確信程度就可以了。在商務場合，大約需要八〇%～九五%確信。而期望疾病痊癒時，如果九〇%以上的確信程度對你來說過高了，大約七〇%～八〇%區間，也許就能順利。

一般人常習慣說「總覺得沒自信」、「總覺得似乎不會順利」，不時受到「總覺得……」左右。

如果把「總覺得……」數據化，就能加以控制。

習慣這麼做以後，就能萌生「所有的感覺都操之在己」的前提。

「那麼，今天要以多少百分比去做呢？」習慣以後，就能依自己想要的確信程度控制。

對於生病的人，我也建議他們嘗試用同樣的方法。每天早上起來就問自己：「我覺得自己的病，痊癒機會大概有多少百分比？」

一直無法痊癒的人，有確信程度較低的傾向。

然後我便問對方：「為什麼你會認為是三〇％呢？」對方回答：「是醫生說的。」「那就是原因。你試著把百分比往上及往下調整看看。」然後我要求對方每天早、中、晚都自行確認「要訂在多少百分比呢？」，結果病情果然好轉了。

工作和疾病都是相同的原理。現在的確信程度大概到哪裡了？是因為什麼根據？因為有這樣的執念吧？既然這樣，就把確信程度上下調整看看。光是這麼做，感受就會改變。

這就是控制後設無意識領域中理解訊息的容器。不是去改變相信什麼的內容，只是改變確信程度。從「我覺得好像不可能」改變成「我覺得好像做得到」。

重要的是，練習把「總覺得」的感受，由悲觀基準調整為樂觀基準。

12

要實現願望就把「加油、努力」、「以……為目標」當禁忌

讓我們做個小小的實驗。

①首先，準備好一枝筆放在面前。
②接著拿起這枝筆。
③接著請你「加油」把筆拿起來。
④然後請你「努力」把筆拿起來。
⑤最後請你「以設法拿起筆為目標」。

這裡從③到⑤拿起筆的動作，其實和「加油」、「努力」、「訂定目標」扯不

上關係。**換句話說，「加油」、「努力」、「訂定目標」這些抽象情感，和能不能「拿起筆」毫無關係**。

「加油」、「努力」、「訂定目標」屬於**做人型**的行動價值，以及把目的焦點放在過程「努力」感受的**體驗基準型**。然而，無論是加油、努力，或是訂定目標，都無法成為目的，所以做起來當然無法順利。

相對的，把焦點放在「拿起筆」則屬於**做事型**的行動價值，也是**目的基準型**，當然比較容易達成結果。

讓小孩子參加模擬考，立刻就會發現這個道理。

在模擬考能考到滿分，卻在正式考試不及格而落榜，就是沒有把焦點放在「拿起筆」的緣故。因為「加油」、「努力」、「訂定目標」，和實現願望完全是兩回事。由此可知，一味**要求孩子「加油」、「努力」、「訂定目標」，並無法讓孩子達成願望與目標**。

然而，只要將後設無意識轉換成做事型、目的基準型，就能拿起筆了。

其實成功與否，只是這麼一念之差而已。

13 心想事成的咒語——詞藻和魔法是同樣的東西

很多人應該都知道，歐洲在中世紀曾發生過獵巫行動。其實，日本江戶時代也曾發生過類似獵巫的事件。

所謂獵巫，就是對於使用巫術的男女，予以審判或刑罰，或甚至加以凌遲等事件。

當時人們認為如果放逐魔法師，地方或政府可能會被魔法師取而代之，因為恐懼，而把任何可疑的人集中在一起，施以審判或處刑。

心理學家佛洛伊德（Sigmund Freud）對於「魔法師究竟是什麼樣的人」相當感興趣，因而進行研究。

而後他發表了如下的見解。

「詞藻和魔法是同樣的東西」。

換句話說，魔法師就是理解如何使用語言的人。

若以我的觀點更進一步說明，我認為魔法師就是懂得駕馭後設無意識語言使用技巧的人。

直接以言語指示人們行動，人們未必會依指示行動。但是，**透過隱喻或故事的暗示，產生自主決定的感受，「我要讓自己發熱發光」、「是因為我想做，我才做的」，良好的信念就能深植腦海而付諸行動**。

民間故事或宗教傳道等，也是透過故事讓大腦學習的一種做法。

因此，在商場上或教育新人時，不妨巧妙運用譬喻或故事，改變對方的後設無意識型態。

14 洞悉對方的腦內策略，就能主宰局勢

■「心想事成者」和「事與願違者」的腦內策略差異

每個人如何使用大腦，都有自己的習性，做某件事就以某個順序處理訊息的**「腦內策略」**。

比方說，有些人是「無法整理症候群」，有些人則擅長收拾整理。

無法整理症候群的人，首先聽到的是內在發出**義務型**的行動前提獨白，「不整理不行……」，接著是以**體驗基準**把焦點放在要做的事項，「先收拾這裡，然後打開吸塵器清潔地板……」，想了兩、三件事後開始覺得麻煩，然後想起其他要做的事，「對了，我還有其他要做的事！」，於是陷入後悔自責，「我這次又沒做到整理工作了……」。

相對的，擅長整理的人，其行動前提則是進行**欲求型**的內在對話，「來打掃吧！」，先想像打掃完畢後的樣子，以及打掃後的舒適感，這是**目的基準**。接著進行欲求型的內在對話，「好，那就來打掃吧！」，自在從容地採取行動，重新體會「真好，和想像中一樣的暢快感」。

心想事成者和事與願違者，就是有這樣的腦內策略差異。

善用腦內策略，巧妙贏得主導權

人們在購買高價商品時，大腦也會進行相同的判斷流程。

首先想像某件事物，進行某種內在對話，是否要向他人尋求解決資訊，是否確認身體的感覺等，具有像這樣的習慣。

運用某個型態思考時，就進入購買高額商品的思維流程；若是不符型態時，就會覺得「好像不太對勁」，因而決定不買。

如果你想銷售高價商品，建議先透過閒聊，若無其事地發現顧客的腦內

腦內策略
START
GOAL
原來如此
我總是
憑◯◯決策。
社長決策
的關鍵是
什麼呢？

圖 17　從交談發現他人的腦內策略

策略。

「社長，最近買了什麼高價的東西嗎？」先試探一下對方，試試水溫。

「原來如此。那個雖然很貴，卻很棒耶。」巧妙地順水推舟，掌握對方的腦內策略。

「請教一下，您買下那樣東西時，是參考了什麼樣的資訊？」

「有跟誰商量嗎？」

「當時想到的是什麼樣的語言內容呢？」

「原來如此。」

像這樣一邊提問一邊做筆記，探測對方的腦內策略。

一旦遇到商業談判時，更能配合分析建檔的後設無意識型態，與對方進行談話，巧妙掌握主導權或資訊蒐集。

如果能加以了解腦內策略，在教育新人時，也就能了解「以這個方式激勵，這個新人就會有幹勁」、「這個新人很適合這樣的作業方式」等具有顯著成效的帶人策略。

15 不知不覺改變他人後設無意識的話術

本章的最後，要偷偷教你改變他人後設無意識的方法。

有能力改變自我的前提，也就意謂著有可能改變他人的前提。在商場或教育新人時，若是能夠改變他人的後設無意識，就能更容易達到你所預想的結果。

■改變對方後設無意識的基本對話模式

最基本的是「同步→同步→引導」。所謂的同步（pacing），是迎合對方的步調，而引導（leading）則是把對方帶領到你期望的方向。

❶使用與對方相同的無意識型態之語言，給予肯定（同步）

❷以「然後」來接續話題

❸使用與對方相同的無意識型態之語言，給予肯定（同步）

❹以「然後」來接續話題

❺伺機加入新型態的語言（引導）

有一次，某個「希望脫離貧困」的人來找我商量求助。

當時的談話大概如下。

「確實，貧窮真的很討厭呢。想買的東西不能買，很多事都必須忍耐，很痛苦對吧？」……❶

「然後」……❷

「沒錢對未來也會感到焦慮。」……❸

「然後」……❹

「你認為一個月需要多少收入，才算在經濟上有餘裕？」……❺

這是從一開始的「想避免貧困」的問題迴避型，轉換為「想要多少收入」的目的導向型。

同時，把原本焦點放在「想避免經濟焦慮」、重視過程感受的「做人型」，轉換為「感受到經濟上的餘裕」、重視實踐結果的「做事型」。

「舊的語言型態↓舊的語言型態↓新的語言型態」，先持續兩次慣用的語言型態，大腦就會輕忽，所以第三次加入還不習慣的語言型態時，一開始大腦雖然會有點困惑，最終還是會照單全收。

箇中關鍵是，我不只是單向輸入新的語言型態，還設法讓對方再次輸出新的語言型態，因此對方就會自行思考後而說出答案。對方為了說出答案，就一定要從內在改變過濾器的形狀。透過這種方式能讓對方習慣新的型態。

CHAPTER

5

內心強大，才是真正強大！

控制你的語言行為和思維模式

01

編輯以自己為名的辭典

語言能改變大腦，也能改變你的人生。

不論事業或健康，依循「背景（後設無意識）中的想法」，現實將有所改變。其中，如何將事物語言化是一大關鍵。

從我最新的研究，一般人認為是常識的事項中，很顯然有陷阱。

「是因為什麼樣的信念，以致無法過著心想事成的人生呢？」

「要怎麼做才能掙脫這樣的陷阱呢？」

以下說明其中一部分。

人都會追求人生中的自由、愛、幸福、成功與豐饒。但是，若是定義弄錯了，就無法獲得想要的結果。自己究竟在這個人生中打算做什麼？從其中決定了自由、愛、幸福的形狀。

我們有必要重新定義以「自己」為名的辭典。

■重新定義「自由」

很多人都會有這樣的想法——

想要自由，但是一旦自由，會被別人說任性、自我中心，或是被討厭而導致行事不順利，因此無法真正自由。

究竟「自由」是什麼呢？

辭典上寫著**「沒有受到束縛」**。

雖然這個解釋並沒有錯，但使用的語法卻是否定，而且還是被動，並且只停留在迴避問題的型式。像這樣一旦弄錯了詞彙的定義，永遠無法感受到自由。

我認為所謂的自由，就是不論任何人說什麼，都能無所限制盡情去做想做的事。

為了自己能夠自由，也有必要讓別人自由。我是我，對方是對方，這才是獲得自由的重要方法之一。

並且，對於過去身邊所發生的事，能以有效的後設無意識型態，再次評價過去所發生的事，例如，「這是為何形成的呢？」（樂觀基準＋未來基準）、「這是我自己造成的」（自我究責型）、「我從這件事的發生獲得什麼？」（目的導向型）等，讓自己去感覺**「過去在我身邊所發生的事情，是基於我的想法、意志、意圖動機而做的」**。

根據這個做法，把種種思考抽象化的無意識，以「我的人生完全操之在我」這個重要前提，萌生信念或感受，逐漸在人生的各個不同場合，感受到「我是自由的」。

這裡重要的不是追求「自由」的存在，而是感受自由的能力、知覺自由的能力、解釋自由的能力。

所謂「自由」，不是向未來去索求，而是依據有效後設無意識型態的組合，透過再評價、再詮釋過去而獲得。

也就是說，所謂「自由」並不存在於未來，而是存在於過去。

重新定義「愛」

很多人會以「希望被愛」為前提，把「愛」定義成是他人給予自己的情感。

堅信「愛需要忍耐」的人也不在少數。當後設無意識成為這樣的容器形狀時，就會堅信愛與被愛都一定要配合對方才行，久而久之，忍耐的界限就會轉為關係的裂痕。

以前我曾遇過一位渴望交到男友的女性，我問她：「對你而言，戀愛狀態應該是什麼樣的感覺呢？」結果她的回答如下：

「他會每天給我簡訊或電話。」

「他會每天說喜歡我，他很愛我。」

「生日及紀念日會送我禮物。」

「不會束縛我。」

於是我對她說：

「我知道你為什麼交不到男朋友了。原因全是來自問題迴避。」

因為女孩對於自己是否被愛感到不安，所以衍生出「男友應該打電話或傳簡訊給她、應該要常表示我愛你」的前提。還有紀念日應該要獲得禮物的前提，因為對方如果沒這麼做，就無法知道自己是否被愛。

「不想被束縛」正是問題迴避，因而陷入雙重束縛的狀態——「想交男朋友、想要被愛」＝「有著想要迴避的事物」。

說到她究竟想要的是什麼，其實是因為在內心深層的潛意識，無論如何都想避免回想起討厭的事情。明明應該對「因不安而交往」的行為踩下剎車，卻還是勉強自己去交男朋友，以致於交往過程中超出了忍耐極限，最後以分手收場。

因此，我要她把焦點放在未來，重新定義什麼是愛，思考「為何要交男朋友？」、「為何要建立伴侶關係？」。

多數情況下，都是因為「自己從未被愛」的記憶，以致產生問題迴避的狀況，這時就要思考有效的後設無意識型態結構，包含有效的型態組合，重寫過去記憶，然後重新定義：「所謂的愛應該是這樣，所以我需要男朋友」。

這麼一來，背景（裝入現實的容器形狀＝後設無意識的組成）就會改變，周遭的人反應也會自動跟著改變。然後，再思考下一次要如何找到男友，以及如何打動對方芳心的策略就可以了。

■「幸福」與「成功」的關係

「對你而言，所謂的幸福狀態是什麼樣子呢？」

世界上有太多的人無法回答這個問題。

缺乏幸福的具體形狀時，大腦就會不知所措，「雖然說想要幸福，但幸福是什麼呢？」以致不知道該把什麼東西化為現實。

所以，我們有必要告訴大腦，對你而言，什麼是具體的幸福意象，讓幸福的具體形狀呈現在眼前，大腦才會意識到「既然有必要，不蒐集不行呢！」，然後開始驅使身體展開行動。

某間美國大學，曾經以全美創業成功的六十歲以上的資產家為對象，進行問卷調查。問題很簡單。

「你幸福嗎？」

結果，有百分之八十三的人回答：「不幸福。」在世人眼中看起來應該很成功、幸福的人們，當事人卻不這麼認為。

究竟是發生了什麼事呢？再進一步追蹤調查的結果。

原來他們有著**「憑藉勝負原則而行動」**的背景。「因為我比那傢伙○○，所以是我贏了」，基於必定與某個人比較的標準，就形成後設程式的他人基準。而且，當贏過對方之際，卻又擔心著不知何時會落敗；而輸給較勁的對象時，又嫉妒贏了的人。

結果就變成無論是輸是贏，他們都覺得自己並不幸福。

更進一步追蹤調查這些主觀認為自己不幸福的資產家，在不幸福的背景中，存在**「自己並沒有真正想做的事情」**之主因。這些資產家只要認為某件事能順利達成，實際上付諸行動也真的會成功，結果卻沒有一件自己真正想做的事。對此，他們甚至覺得這可能是對自己的懲罰。

這個調查令我想起**龜兔賽跑的故事**。

兔子的目的是想贏過烏龜，可以取笑牠。卻因為「就算我睡個大頭覺，照樣可以贏過烏龜」的想法，不慎睡過頭而輸給烏龜。相對之下，烏龜不管勝負，單純以到達終點為目的。我覺得這個故事隱約告訴我們一個道理。

「我贏了那傢伙」未必真的代表成功。如果是商務人士，也有必要以自我基準，重新定義實踐什麼事才是成功，不是嗎？

02

「時間就是金錢」的真意

俗話說：**「時間就是金錢」**。

多數人大概都會解釋成「時間就像金錢一樣重要」吧？過去我也曾是這麼解釋的其中一人。

然而，採訪過億萬富翁後，我才發現**成功者的定義和我們凡人不同**。**這個定義一旦偏差，財富就不會滾滾而來**。

■時空化為金錢的機關

從二十多歲開始，我就經常訪問成功的創業人士。

其中有好幾個人原本置身於貧困狀態生活，察覺某個觀念後，開始執行的結果，個人年收入竟在五年間突破一億日圓。

我採訪過這些億萬富翁才了解「時間就是金錢」的真正意義。

其中有個人是這麼說的。

「我以前總是等不及下一個月的發薪日。每當發薪時，繳完房租、汽車貸款、約會的費用，薪水就見底了。所以又等不及下個月的發薪日。」

「因此我突然想到：**該不會就是因為我總是在盼著一個月後的發薪日，所以才會只得到一個月的薪水**。」

「我的注意力只關注在一個月後的事情。於是我開始思考：既然這樣，如果我把注意力放在更遙遠的未來，會怎麼樣呢？」

「接著我開始思考，如果時間是縱軸，擴展的橫軸則是我究竟是什麼樣的人。究竟是『我是個沒用的人』這麼小的容器，又或是『我是個出色的人』的大容器呢？與其以小小的容器思考十年、二十年後的事情，不如以大一點的容器思考十年、二十年後的事情，看看會有什麼結果。」

「縱軸是時間軸，橫軸是『我究竟是什麼樣的人』的空間軸。也就是說，擴展讓意識飛躍的時空。擴展『我是這樣的人』之自我意象的同時，十年後會變成怎麼樣？二十年後會變成怎麼樣？加以想像後，錢就源源不斷進來了。」

事實上，以這個做法突破個人年收入一億日圓的人，不止一個。

圖 18 「時間就是金錢」真正的意義

而且，突破一億日圓收入所花的年限平均是五年。

我很確信一件事。

「他們一定掌握住了『時間就是金錢』的真正意義。」

我想他們察覺的真相是：**擴展自己的意識，你將獲得與擴展的時空大小成比例的金錢，把時間化為金錢（＝時間就是金錢）**。

十年後、二十年後、三十年後，自己想要變成什麼樣子，我以這樣的方式去行動。那就是依循自己的生存目的，為了這個生存目的，大概需要這麼多金額的錢。當你這麼一決定後，大腦開始行動，「了解！那就來蒐集這個金額的錢吧！」於是，錢就開始進來了。

然後，接受我的心智訓練的人士，也開始陸續出現一億日圓的玩家。

把意識空間擴展到五十年後的孫正義

這是發生在幾年前，我與某位上市公司CEO碰面的事情。那一位CEO告訴我，在與我見面的幾天前，他曾與軟銀的孫正義有如下的談話。我還記得當時聽了，不禁湧起肅然起敬的感受。

孫正義當時談到了他想投入的能源問題。為了解決能源問題，據說他具體且詳盡地說明商業策略。「這個要這麼處理……接著這麼進行，然後以這個方式處置……」，因為他的說明太過鉅細靡遺，於是那位CEO便問道，「這是預計明年要進行嗎？」

結果孫正義回答：

「不，是五十年後。」

我還記得那位CEO微微苦笑地說：「孫正義先生對於五十年後的事情，竟然談到如此詳盡，你有什麼看法呢？」

果然讓我們再次了解到，在社會中表現傑出的人們擅長擴大自己的意識時空。

你希望在十年後、二十年後、三十年後，有什麼樣的活躍表現？

你希望那時候的你，收入達到什麼樣的程度？

你為何希望處在那樣的狀態？

你能明確想像出來嗎？

把這樣的意識、意象擴展為更大的時空之際，搭配第三章「心想事成者的十四種成功腦型態」，加以運用，調整後設無意識組合下的自己，能更有效擴展出更長遠、更廣闊的時空。

03

收入翻倍成長的魔法：反向利用界限設定

■利用無意識，如願提高年收入的方法

在我訪問的過程中，問到那些在五年內從極貧狀態躍升至年收入超越一億日圓的人時，曾有一段這樣的段落。

「梯谷老弟，你會先決定年收入不要超過某個限度嗎？」

「不，我不會訂這個界限耶。收入不是越多越好嗎？」

「哎呀，你這樣是賺不了大錢的唷。」

「咦？為什麼呢？」

「我以前也是窮光蛋，和多數人一樣，對於想要多少錢沒什麼概念，不

過，後來我覺得這樣有點奇怪。」

「喔……怎麼說呢？」

「一開始我先對自己說：『年收入五百萬以上，我就不要了。』然後大概賺到四百萬左右時，我又對自己說：『年收入一千萬以上，我就不要了。』然後當我賺到八成左右時，我又開始說：『三千萬以上，我就不要了。』一直唸著多少錢以上我就不要了，不斷擴大財富界限，而達到今天的成就。」

「……這是從什麼地方得知的道理呢？」

「希臘哲學唷！」

我所採訪的億萬富翁們有一個共通點，就是大家都對希臘哲學相當感興趣。在貧困的狀態下雖然沒有錢，卻有很多時間，於是便長時間泡在圖書館，一再研讀希臘哲學的過程中，有了這些體悟。

重點① 達到界限的八成時，就再次擴展界限

對自我的喊話，有三個重點。

首先要注意的第一個重點，是當目標值達到八成左右時，就應該稍微再擴展界限。

接近界限時，等於踏進未知的世界。就如同死後的世界是未知的，所以對死亡會感到恐懼般，當人接近目標界限時，也會下意識地感到恐懼。

當人認為個人年收入一千萬是界限時，一旦突破了一千萬，因為不知道突破之後會發生什麼未知的事，而感到不安，所以人們會踩住剎車，避免自己更接近界限。

「只要擴展界限不就好了」，就是因此而生的策略。

界限一詞很容易讓人認為是負面的事物，但億萬富翁則有著「界限，應當是可以加以運用的吧？」的前提。一點一點擴大框架，有朝一日達成一千萬的界限就會變成通過點，而不是未知的終點。

重點② 只要一想到，就對自己喊話

第二項重點，就是只要一想到，就對自己精神喊話。

人們平時總是在不自覺中，莫名地對自己叨唸著，「我有金錢上的焦慮」、「來不及交貨」等，而且像這樣的內在對話，據說人們一天在不自覺中進行了五萬次以上。**像這樣的內在對話，會使後設無意識在不知不覺中被強化**。既然這樣，何不養成符合目的之後設無意識，不是更好嗎？

重點③ 使用「～以上，我就不要了」的語句表現

第三個重點是「○○○○以上，我就不要了」的語句表現。不要說「我想要○○○○」。

問題在於，後設程式是未來願望型，或是未來否定型。

「想要一千萬」是未來願望型，這和「要是能中獎券就好了」都屬於被

動的願望。這時候大腦的思維就會是，「既然這樣就好了，那我只要等待就行了。在這之前我睡午覺就好了。有心要做時，我再來幫忙，到時候再喚醒我吧！」因此不會對身體發出指令。

相對的，**如果對身體發出的要求是「一千萬以上我不要」，大腦的思考前提就變成「這也就是說，需要將近一千萬對吧」，這個前提是後設無意識。接著，要告訴大腦，為什麼需要一千萬**。

只靠願望，大腦不會採取任何行動。要有必要性，大腦才會有動力行動。所以，「要是能中一千萬的獎券就好了」很難實現，但若是有必要的急迫性，「這個月不籌到一千萬，就會跳票，公司會倒閉」，這麼一來，就算向銀行、親戚借錢，也會設法籌出一千萬。讓大腦感受到必要性而指示身體採取行動。

自己：「一千萬以上，我就不要了。」

大腦：「意思是說，需要將近一千萬對吧。」

自己：「我告訴你需要一千萬的原因。要飛往世界各地，需要這麼多費用……」

大腦：**「為了這個目的，所以有需要對吧？要是沒有就糟了。那就先蒐集情報吧。這個人有很好的人脈，我們請他牽一下線。」**

以無意識進行這樣的對話，然後只要達到八成左右，就迅速地提高界限，讓原本的界限成為下一個新界限的通過點。

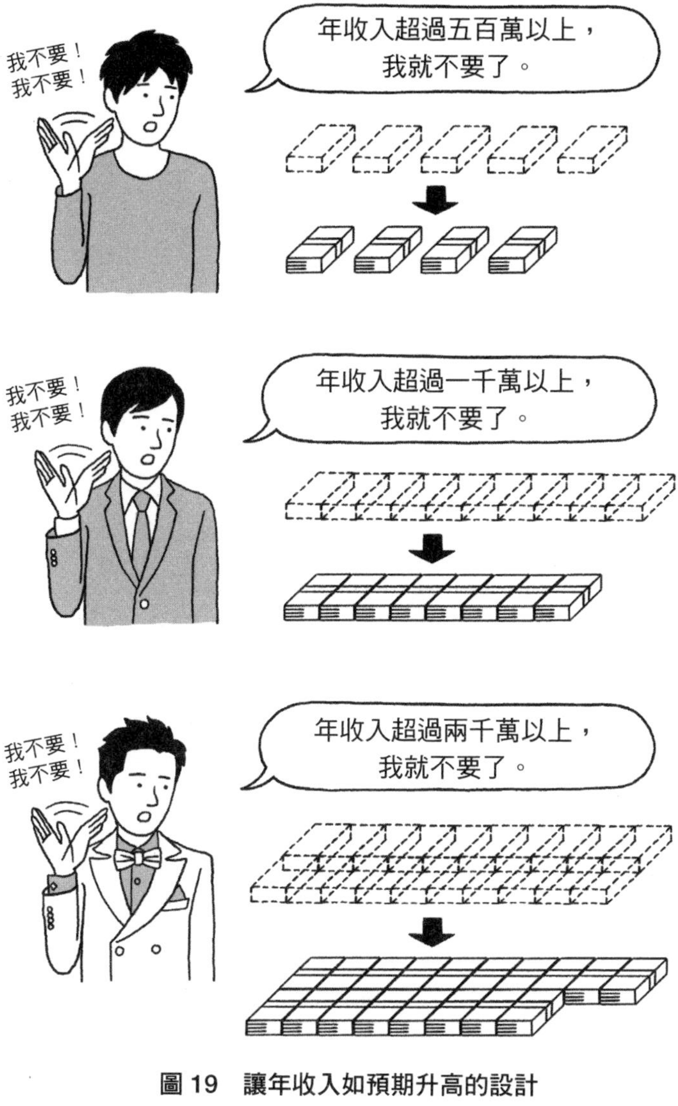

圖 19　讓年收入如預期升高的設計

04 正念療法的盲點

語言和身體之間有因果關係。如果說，語言直接會影響身體健康，也不為過。

保持什麼樣的飲食、運動生活習慣的確很重要，但相比起語言對事物定義因而造成大腦運作方式的影響力，則無法比擬。

然而，這卻是多數人很難注意到的重點。

我在病患的研習會上，請他們先告訴我平時所過的日常生活。其中參加正念療法（mindfulness）或瑜伽的人數相當多，讓我因此留下似乎正蔚為流行的印象。

■很多參加正念療法或瑜伽的人得重病的理由

所謂正念療法，是抱著「把焦點放在當下」、「只有此時此刻這個瞬間」的態度。在許多人被記憶、情感耍得團團轉的現代社會，我想正念療法應該非常有效。

然而，進行對身體有益想像的正念療法或瑜伽，為什麼會生病呢？我覺得非常不可思議。因此我進一步探究後，發現一件事情。

「對於『現在』所下的定義偏差。」

在進行冥想或瑜伽時，過去發生的許多事情會在記憶中甦醒。當時很生氣、很悲傷……然而，因為正念療法要求「請把焦點放在『當下』」，所以就告訴自己，「那些事情都過去了。不是現在的事，忘了吧！」試圖掩蓋過去。

但是這個記憶的甦醒，對於大腦來說，就是「現在發生的事」，因此只會以「現在發生的事」來處理。

難得體內的「希望能處理未完結的記憶」浮出意識表層，卻以「事情都過去了，又不是現在的事，管它幹嘛」而不斷排除。因而使大腦判斷**「似乎沒注意到我發出的訊息？既然這樣，我只好發出更強烈的訊號來通知主人了」**，導致生病。

把焦點放在「當下」，當然是一件極為重要的事，但是很多指導正念療法的人，似乎都弄錯了「當下」的定義。

現在甦醒的過去記憶，對大腦而言就是「現在發生的事」。

因此我主張**「不要逃避甦醒的記憶，該處理就要處理」**。即使不是當下立即處理也沒關係。「很抱歉我沒察覺到。目前的冥想結束後，我就會處理，等一下喔」，先暫時擱在一邊，稍後再檢視即可。

05

憂鬱症也有可能輕易地痊癒

日本人的自殺死亡率，在全世界的七個主要先進國家中排行第一，尤其是二十歲以上到四十歲以下，根據調查結果，自殺高居死亡原因的第一名。在近年研究中，心理疾病和自殺有深切的關係，全國都應當給予人民適當的心理健康支持。

尤其是憂鬱症和自殺有更深切的關聯。

■憂鬱症的病因其實很單純

雖然一般都認為憂鬱症的成因仍然成謎，但從後設無意識來解析，原因非常明確。

憂鬱症的原因是源自：「被隱藏的憤怒」、「無從發洩的憤怒」。

如果人們能把這樣的憤怒說出口，就不會有憂鬱症，但因為無法說出口，而以身體表現出來就形成憂鬱症。例如，常見的案例是不認同公司方針，卻不得不遵從的員工。「公司的方針難道不會太荒謬嗎？」被部屬頂撞的中間主管，很明顯地憤怒無從發洩，因而導致憂鬱症。

然而，從後設無意識來看，憂鬱症其實很單純。

原本就陷入「這個世上總是事與願違，靠我自己無法改變任何事」的悲觀基準；焦點放在過去，形成體驗基準。同時，也屬於「自己受到某種無形的○○脅迫」這種歸咎他人型的信念，屬於他人基準。

要更了解憂鬱症，首先必須找到隱藏的憤怒，然後引導對方說出來。可以丟直球讓對方直接表現出來，或是運用變化球，總之設法讓對方說出口。

帶著憤怒形成的記憶，結果以不愉快的形式存在腦海，因而受到傷害。

因此，我們可以重寫記憶，告訴大腦「其實是這樣的記憶……」，這麼一來，原本的憤怒就沒有必要存在，後設無意識產生改變，憂鬱也就輕易地煙消雲散了。

■探究身體，消除憂鬱症的方法

透過探究身體，也是一個可行的方法。

大腦會因為看到身體的行動，決定「自己究竟是個什麼樣的人」。憂鬱症的人總是表現出縮著肩、垂頭喪氣的樣子，所以大腦也會認為「我現在很沮喪，所以我必須對其他部位發出指令，叫他們不要動」。

所以，試著在好天氣的時候，在公園坐下來，放開肩膀，仰起頭，張開嘴巴，進行日光浴。

抗憂鬱劑是促進多巴胺及血清素分泌的藥物，但是只要放開肩膀、仰起頭，張開嘴巴，單純接受日光浴，身體就能自然分泌大量多巴胺及血清素。

藉由服藥來促進分泌多巴胺及血清素時，大腦就會認為「既然外界會提供，我就沒必要再分泌了吧？」反而導致可能要花更多時間才能康復。若是能逐漸透過自己做日光浴的方式，或許憂鬱症會更快痊癒吧。

06

許願要使用擴展性詞彙，真正達到全富足！

潛意識會老實地遵從「前提」與「定義」

有很多飲用營養品、注意食用健康食材的人，卻照樣生病了。為什麼？

這裡面有一個陷阱。

「為了健康」而飲用營養品、吃健康食材，等於認同「我並不健康」的前提。

並不是說營養品或健康食材不好，只是定義錯了。

為了掙脫這個陷阱，要使用「更加」、「進而」等擴展語義的詞彙。

「要更加健康」、「要更有活力」。為了這個目的而服用營養保健品、攝取健康食材。若是給予這樣的定義，前提就會變成「現在已經是健康狀態」。

前提會變成現實。

使用擴展性的詞彙，就能把現在健康的狀態變成現實。

這道理放在商務或金錢方面也通用。

如果你的目的是「想要金錢」，潛意識採取的行動就會是「把『現在沒錢』變成現實，就可以了對吧。」所以，你需要的其實是**「要賺更多錢」**、**「要擁有更多錢」**等擴展性的詞彙。

提倡養生飲食，反而罹癌的潛意識？

類似這樣，**由於前提會變成現實，所以如果輕易地搭上養生健康熱潮，有時反而會陷入惡性循環，千萬要注意。**

有不少指導節制醣類攝取及採取長壽飲食的老師，也得了癌症。這種情況，時常發生在「無限制的飲食是壞事」的前提下。

據說糖分是癌細胞的營養來源，所以限制醣類攝取，結果造成自我譴責，**「我不能慣壞自己，無法對自己嚴格，我真沒用」**，甚至因而影響人際關係。

因此，暫時先停止醣類限制，身體反而變得更健康的案例也不少。確實沒必要攝取過多的醣類，但也不應該毫無底限的限制。對於這樣的人，了解不要攝取過度反而更重要。

07

你吃的是食物，還是食物的附帶訊息？

某次新年期間看電視時，我看到一個藝人等級評定的節目。其中有個單元，是要藝人在戴上眼罩的情況下，品嘗宮崎縣的冠軍牛和超市販售的澳洲牛肉所烹調成的牛排肉，並請藝人猜出哪邊才是宮崎縣的冠軍牛。

當時的節目來賓是石田純一，他發出豪語說：「我平常習慣吃的就是高級牛肉，不可能分不清高級牛肉和超市買來的澳洲牛肉。」但實際上他確實把澳洲牛肉和高級牛肉搞錯了，把電視觀眾逗得很開心。

也就是說，與其說人們吃的是食材，無寧說只是單純吃進了對食材的想像。因為是宮崎縣的冠軍牛，所以應該很好吃，吃著高級牛肉的自己很了不起，因為這樣的想像，所以才會品嘗不出真正的味道。

據說有一種機器可以測出食材是否適合自己。過去我曾認識一個人說：

「我雖然喜歡吃豬肉，但是用機器檢測的結果，我並不適合豬肉。」

「請問你對豬肉有什麼樣的印象呢？」

「肉品當中比較廉價的印象。」

「原來如此。童年時，你對豬肉有什麼樣的印象呢？」

「其實我在童年時，曾被男生欺負，他罵我是『豬』。」

「所以豬肉才會不適合你的身體。」

因為豬肉很便宜，自己又被罵成豬，所以在她的內心，豬肉就等於是廢物的代名詞。

因此吃豬肉在潛意識中就詮釋為自己也是廢物。

但又喜歡吃豬肉。

換句話說，不是豬肉不好，而是為了要把自己評定為沒用的人，所以吃著附帶廢物意象的食物，因為自己就是個沒用的人。

當事人完全就是在吃著食材附帶的資訊。

08

讓自信成為習慣，小心衣服與化妝品的前提陷阱

有一位來參加我研習會的三十多歲女性，多年以來深受異位性皮膚炎困擾。在某次研習的練習中，我向她提問：**「身為女性，你希望怎麼活下去？」**對她來說，過去似乎不曾有過「身為女性」的想像。

從那天隔了兩星期後，又是研習會的日子。結果之前一直穿著樸素的她，突然穿著印花圖樣的喇叭裙洋裝前來。

「研習會結束要參加派對嗎？」

「沒有。」

「但今天你的打扮風格和以往全然不同。」

「先不管衣服，你看看我這裡。」

她伸出手，一看之下，不僅手臂，連臉上的皮膚也變得漂漂亮亮。以往她為了掩藏皮膚的狀況，只穿樸素的長袖服裝，但現在她已經能穿著女性化的無袖洋裝。

「發生什麼事了嗎？」我好奇詢問。

「過去的我，不論衣服、化妝品或藥物，我總是以對皮膚好不好的標準來看。上一次因為你向我提問，身為女性想要怎麼活下去，促使我重新思考，無關乎對皮膚好不好，而是以身為女性，我想要穿著什麼樣的服裝為標準重新選擇衣服。結果，我丟掉了八成左右的衣服，重買了新衣服。這些都是以往我認為對皮膚不好而完全不考慮的服裝，但是我無所謂，**我想要以身為女性如何活下去的觀點來思考，結果就變成現在這樣了**。」

她穿上的簡直就是全新的訊息。**拿出對皮膚好不好的穿衣標準，結果反**

而產生「我的皮膚很差」的前提。當她拿出新的標準，重新思考以身為女性要如何活著，想要穿著什麼樣的衣服，皮膚就變漂亮了。換言之，她的前提完全轉變了。

09

想像你就是「成功者」！改變穿著和出入餐廳

「你穿的是訊息」，把這狀況換到商務人士身上，一旦想像十年後、二十年後想要變成什麼樣子，現在的選擇就會改變不是嗎？

若只是單純賺取生活費用，或許不需要特別講究穿著的服裝或進出的店舖。

不過，若是有更大的人生目的呢？舉個簡單的例子來看，若志向是「想要擴展到海外」、「希望能和這些厲害的人交手」，那麼，穿著服裝、來往對象、聊天內容、思考、平常出入的店家等，生活也要隨志向調整，應該會比較好吧。於是現實也就成功地產生變化。

■任何人都會得到符合價值觀的收入

以前曾有個社會心理學的實驗。

實驗中把五個不同月收入、職業的人集合在一起，讓他們過了半年左右的共同生活。

結果在這半年間，這幾個人的職業與月收入都變得很相近。

然而，這個實驗有趣的地方在這個階段之後的發展。

在五人之中，抽選其中一個人，另外和四個新室友展開半年同居生活，原本這四個人的月收入都是他的三倍。結果他們的月收入再度達到相近的程度，一開始就參加實驗的人在半年間月收入又提高了三倍。

月收入三倍的人，等於對收入的**價值觀**提高了三倍以上。由於和其他人共同生活，自然而然形成相近的價值觀，**收入也就隨之提升而符合價值觀**。

■向成功者的價值觀取經，最簡單的方法

瑞可利（Recruit）的創辦人江副浩正，他在還是大學生時，做了某件特別的事。不同於一般人都在居酒屋喝酒，他則是存下打工費用，雖然次數不是很頻繁，卻出入赤坂的高級俱樂部。

當他看到「這個人應該是社長吧」的人士，就立即找機會接近對方，問對方說：**「我將來想自行創業，希望請您告訴我，您是以什麼樣的方式創業呢？」**那些社長宛如看到年輕時的自己般，都很樂意向他分享自身的經驗談。

江副浩正的做法就是向成功者的價值觀取經。

他以這個方式創辦了瑞可利公司。

剛創業時的我，看了江副浩正的書後，心想：「原來如此，原來要改變出入的店比較好。」平時我和朋友喝酒，頂多是去便宜的連鎖居酒屋。

因此我調查了一下怎麼去高級的日本料理店，然後去了青山的一家店。

忐忑不安地在吧檯坐了下來，打開菜單一看，沒寫價格。於是我問店裡的人，「為什麼不寫價格呢？」他們的回答是：

「希望顧客沒有顧慮地享用想嘗試的餐飲。」

的確，自己平時都會以價格決定餐點。**但來到這個地方的人，不是看價格，而是吃想吃的、喝想喝的。我學習到以這個單純的標準來決定菜單。**

■從成功者無意識的語言模式及價值觀學習

三十年前一個人平均消費一萬日圓的店，能夠去的次數雖然不是很多，但就像江副浩正說的，出入這樣的店家比較好。

因為都是單獨前往，所以我總是坐吧檯座位。和隔壁座位的人若無其事交談之下，原來對方是東大的教授，也是上市公司的董事。因此從聆聽過程中得知他們平時從什麼樣的觀點判斷事物，所做的事情究竟順不順利，是以什麼樣的標準判斷，一一聆聽他們的思考方式。

因為這樣的經驗，使我了解很多事情。

內在使用的無意識語言型態，平時難以出現在表層的想法，加以確認後，才能發現原來是**「以這樣的前提在行動」**。

我從以前就認為語言型態相似的人，行動模式也很類似，所以很想知道那些能夠心想事成的人，都是使用什麼樣的語言型態。

當我開始模仿以後，行事果真就如我所願的順利。我把這套方法系統化，加以定義，為型態命名，所以現在能在這裡與各位分享。

或許你會認為只能用便宜的東西是無可奈何。

然而，**這就等於重複在告訴你自己「以便宜的東西來解決，代表我是廉價的人，沒有獲得好東西的價值」**。

若改變成「若是有這樣的人生目標，即使現在還趕不上，但應該要穿這樣的服裝、出入這樣的店家。」這麼一來，遇到的人就會和以往不同，慢慢躍升成嶄新層級人士的價值觀，與優秀的人並駕齊驅。

當層級一改變，一開始闖入不習慣的環境，感到緊張是必然的，但可以一點一點地改變、適應。

這樣的機會，沒有過早或過晚的問題。

任何人都可以在任何時候，依循自己的人生目標，彈性地改變選擇。現在從這個瞬間起，就能如願走向自己渴望的人生。

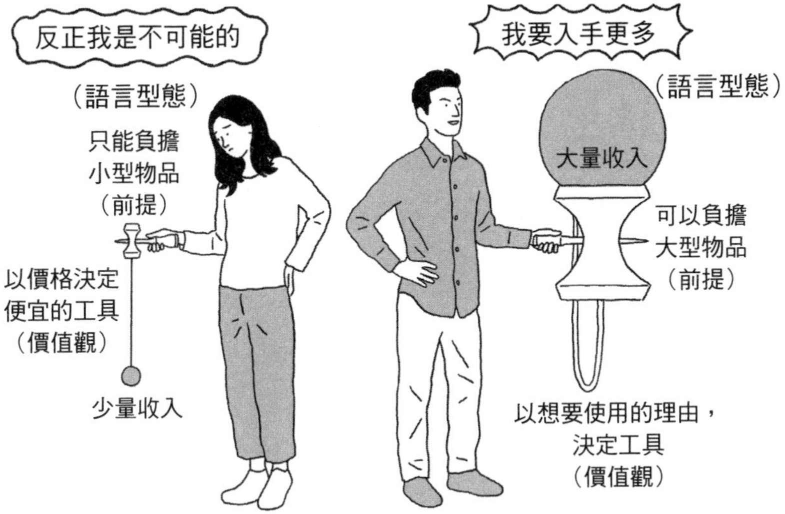

圖 20 從成功者的無意識型態學習

結語
無意識致勝，任何人都能使用的心理武器

二〇一一年《表觀遺傳學》（*Epigenetics: The Ultimate Mystery of Inheritance*）在日本出版，引起極大的迴響。

所謂表觀遺傳學，是指可以依據環境、生活習慣、飲食、人際關係等後天條件改寫基因。

這個表觀遺傳學的觀點，據說大約是在半世紀前發表，當時受到了極大的批判。

不過在歷史上，出現新的思維遭到反彈，可說是司空見慣。

這觀點剛發表時遭到各界批判的理由，是因為直到大約半世紀之前，

「基因無法改變」的觀點仍是主流。

基因為了求生存，有著「自我複製」的生命終極目標，沒有改變任何訊息，直接從父母傳承給子女。然而，生物因應環境的適應，有其生存策略，所以受精前基因發生突變，因此子女承襲了新的基因，一點一點的改變。

但表觀遺傳學的觀點有點不同。

基因雖然是從父母那裡承繼下來的，幫助人類更快適應環境、習慣，但基因的某些部分會啟動，有些部分則處於關閉狀態。

也就是說，以後天條件寫入基因訊息，可能會成為新的基因，然後因應當下最適合的狀態激活。

據說，現在表觀遺傳學在遺傳學中也是備受注目的分支領域。

基因會因為環境而被改寫。

以我的話來說明，就是基因可以因文化、社會規範而改寫。

目前我為了嘗試解決社會課題，採行「以語言令疾病不藥而癒」的方式來實現。這是在解決商務問題，擔任顧問或心智教練的工作上，和患病的客戶或工作人員在諮商時發展而來。背景除了表觀遺傳學、遺傳學，還有很多從腦科學、心理學、心理技巧學習而來的。

「根據後天條件，基因會改寫訊息。」

「例如，如果癌症基因被活化，是對周圍環境做出反應的結果。那麼切換癌症基因活化開關的關鍵，應該在於內在環境（＝信念）如何解讀世界和人生。」

「其中有著什麼無意識層級的策略吧，如果能了解，就應該能把開關切換到關閉狀態。」

像這樣運用語言與心理技巧，在研習會不斷嘗試時，數年之間原本生病而痊癒的人超過兩百人。

語言及身體，還有健康與事業的成功。

我確信它們之間相互影響。

但是，我不太清楚醫學、生理學方面的構造。

在我的研究及嘗試中，東京大學研究所的某位研究人員因為有所共鳴，而開始了研究，試圖佐證我的想法。我出於懇切希望明瞭箇中究竟，出資給東京大學研究輔助金，給予協助。

過去公立大學的研究，都是由政府或企業提供研究資金。研究用的白老鼠，因為是特殊基因研究，一隻白老鼠的費用甚至超出十萬日圓。研究耗費高昂的費用，但研究成果究竟會運用在什麼地方，常是一般人難以看到的。

不知今後學術研究的投資是否會成為開放的形式，如同募資平台般，只要一般人認為「這個研究似乎很有意思」，即使小額也能捐款贊助，研究結果也能給予回饋。

我現在採取的行動不過是拋磚引玉。

現在，整個世界正發生巨大的轉變。

人類持續有許多的發現與發明。不光是科學，不論商務還是體育，所有領域都不斷有新的成果。人工智能也好、體育界的刷新紀錄也好，不局限於框架，全力挑戰過去認為不可能的事，都將一一具體實現。

那麼，你要讓大腦學習到什麼程度？

這將影響到你的金錢、健康，甚至人際關係，一切都能如你所願。這是因為，人類憑藉內在環境，甚至連自身的基因都能切換開、關模式。

你是要繼續抱著「認為光憑自己，什麼也無法改變」的腦袋？

還是，就算只有自己一個人，也能興致勃勃挑戰，創造變化的腦袋？

要用什麼樣的腦袋活下去是你的自由。

不過，若是你希望活得更有樂趣、勇於挑戰變化，請你大可盡量使用我

的點子，相信一定能成為你的助力。

最後感謝你閱讀本書。

衷心期盼你的後設無意識能夠產生改變，走出如願以償的人生。

梯谷幸司

無意識的力量

なぜかうまくいく人のすごい無意識

作　　者　梯谷幸司
譯　　者　卓惠娟
主　　編　林玟萱

總 編 輯　李映慧
執 行 長　陳旭華（steve@bookrep.com.tw）

出　　版　大牌出版／遠足文化事業股份有限公司
發　　行　遠足文化事業股份有限公司（讀書共和國出版集團）
地　　址　23141 新北市新店區民權路 108-2 號 9 樓
電　　話　+886-2-2218-1417
郵撥帳號　19504465 遠足文化事業股份有限公司

封面設計　張天薪
排　　版　藍天圖物宣字社
印　　製　成陽印刷股份有限公司
法律顧問　華洋法律事務所　蘇文生律師

定　　價　380 元
一　　版　2020 年 01 月
二　　版　2024 年 07 月

電子書 E-ISBN
9786267491362（PDF）
9786267491379（EPUB）

Original Japanese title : NAZEKA UMAKU IKU HITO NO SUGOI MUISHIKI

Original Japanese edition published by Forest Publishing Co., Ltd.
Traditional Chinese translation rights arranged with Forest Publishing Co., Ltd.
through The English Agency (Japan) Ltd. and AMANN CO.,LTD., Taipei

國家圖書館出版品預行編目資料

無意識的力量 / 梯谷幸司 著 ; 卓惠娟 譯 . -- 二版 . -- 新北市 :
大牌出版 , 遠足文化發行 , 2024.07
270 面 ; 14.8×21 公分
譯自：なぜかうまくいく人のすごい無意識

ISBN 978-626-7491-38-6（平裝）

1. 潛意識

176.9　　113008959